종교 철학
종교는 무엇이고 신은 어떤 존재일까?

민음 지식의 정원 철학편

006

종교 철학

종교는 무엇이고
신은 어떤 존재일까?

이진남

민음인

차례

머리말 종교는 무엇이고 신은 어떤 존재일까?

교회에 열심히 다니는 사람들은 이 세상이 어느 날 신에 의해 만들어졌다고 믿는다. 그런 사람들은 모든 인간은 태어날 때부터 죄인으로 태어났기 때문에 우리를 죄에서 구하기 위해 파견된 예수를 믿지 않으면 영원히 죄에서 벗어날 수 없다고 생각한다. 반면 절에 다니는 사람들은 그런 생각은 당치도 않고 이치에도 맞지 않는다고 말한다. 불교에서는 인생이란 아무 의미 없는 것이고 고통의 연속뿐이라고 가르치기 때문이다. 그래서 불교 신자들은 이 고통의 바다에서 탈출하기 위해서는 수양을 통해 마음을 비울 수밖에 없다고 말한다. 신이 따로 있는 것이 아니고 우리도 열심히 노력하면 부처가 될 수 있다고 한다.

그런데 어떤 종교도 믿지 않는 사람들은 이런 말들이 모두 지어낸 이야기에 불과하다고 말한다. 교회나 절에 갈 시간이 있으면 단잠을 즐기는 것이 현실적이라고 생각한다. 따분한 종교 서적을 읽거나 예배나 미사, 법회에 참석해서 몇 시간 동안 꼼짝 않고 앉아 있는 것을 엄청난 고문으로 여긴다. 그런 사람들은 결혼을 하지 않고 평생 종교를 위해 헌신하는 신부나 수녀, 승려들은 정신 이상자이거나 혹은 위선자일 수밖에 없다고 주장하기도 한다.

그러나 이렇게 종교를 대수롭지 않게 여기는 사람들에게도 신과 종교에 대해 한번쯤 생각해 보는 계기가 찾아온다. 불치병에 걸린 사람이나 사형 선고를 받은 죄수가 종종 죽음을 앞두고 종교에 귀의하는 경우가 있다. 또 인생에 있어 엄청난 좌절과 고통을 겪는 사람들 가운데 어떤 이들은 종교의 힘으로 이를 극복하기도 한다. 이렇게 사람들이 편안하고 행복할 때는 잊고 있다가도 불행하고 힘들 때 찾게 되는 것이 종교이다.

전 세계 어디를 가도 종교가 없는 지역은 없다. 비록 그 종교의 종류와 내용은 다르지만 종교 없이 사는 사람들로만 이루어진 사회는 없다. 흔히 종교가 없는 사람들은 자신들의 입장을 무교(無敎)라고 부르는데 사실 종교를 커다란 신념 체계로 본다면 무교도 하나의 종교라고 볼 수도 있을 것이다. 즉, 종교가 없는 사람은 신이 없다는 것을 믿기 때문에 무신론이라는 종교를 믿는 셈이다.

종교는 인류 역사의 많은 업적들과도 관련이 있다. 고대나 중세의 많은 예술 작품들은 대부분 종교와 관련되는 것들이다. 그리고 현대에도 많은 예술가들이 자신의 종교적 신념과 체험들을 작품으로 만들어 내고 있다. 그러나 종교는 또한 많은 문젯거리도 만들어 낸다. 인류 역사상 벌어졌던 수많은 종교 전쟁들은 서로 다른 종교를 믿는 사람들이 자신들의 종교만이 옳다고 고집하는 데서 시작되었다. 2001년의 9·11 사태와 이에 따른 미국의 아프가니스탄, 이라크 침공은 그 내면에 상이한 종교적 배경을 깔고 있다. 즉, 아랍 인들은 미국의 침공을 자신들이 섬기는 알라신에 대한 도전으로 여기는 경향이 많고, 미국인들은 이슬람교를 믿는 사람들에 대한 눈에 보이지 않는 경멸을 가지고 있는 경우가 많다. 이렇듯 종교는 인류 역사에 있어 긍정적인 영향을 미치기도 하지만 부정적인 영향을 끼치기도 한다.

그런데 이렇게 모든 인류에게 보편적으로 존재해 왔던 종교에는 이와 관련한 근본적인 문제들이 있다. 종교는 무엇이고 신은 어떤 존재일까? 신의 능력과 악의 존재, 인간의 자유가 서로 충돌하는 것처럼 보이는데 이 문제를 어떻게 해결할까? 죽은 다음의 세계를 가 보지 않고 어떻게 알 수 있을까? 종교와 도덕, 과학의 관계는 어떨까? 여러 가지 종교들 가운데 어떤 종교가 진정으로 옳은 것일까? 신화는 우리에게 어떤 의미가 있을까? 이 책을 통해 많은 사람들의 마음속에 문득문득 떠오르는 이러한 문제들에 대해 같이 생각하고 답을 찾아보도록 하자. 여기서는 종교 철학이라는 딱딱한 관점에

만 얽매이지 않고 종교와 관련한 여러 가지 주제들을 다양한
관점에서 다루었다. 이 책이 종교에 관한 사고의 지평을 넓
히고 자신의 관점에서 종교를 바라보는 주체적이고 독립적인
종교관을 세우는 데 쓰이길 바란다.

1

왜 우리는
종교나 **신**을
믿을까?

종교란 무엇인가?

종교를 뜻하는 영어 단어 '릴리전(religion)'은 '단단하게 묶다'라는 뜻의 라틴어 '렐리가레(religare)'에서 온 '렐리기오(religio)'가 발전한 것이다. 따라서 종교는 신과 인간을 연결하는 것으로 볼 수 있다. 조금 더 전문적으로 말하면 종교는 신 존재와 인간적 영혼 사이의 전례적(典禮的)이고 의식적(儀式的)인 행위들의 총체라고 할 수 있다. 또 종교는 초월적 절대자와 인간 사이의 일체의 체계와 제도라고 정의할 수 있다. 이러한 체계와 제도에는 절대적 능력이나 신성한 실재에 대한 제사 의식, 기원과 예배 의식, 순종과 존경의 서약 등과 같은 의례나 행사가 포함된다. 종교는 또 한편으로는 삶의 규율을 만들 수 있는 사회적 모범을 지향하는 도덕적이며 정신적인 자세로도 볼 수 있다. 어떤 사전에서는 종교란 경배를 위해 규칙적으로 모이고 실재의 궁극적 본성으로 여겨지는 것에 개인을 연관시키는 수단을 제공함으로써 교의(敎義)를 받아들이는 신도들의 인정된 조직이나 제도라고 정의하고 있다. 이렇게 종교는 다양한 의미를 가진다.

종교는 사회적 집단이나 상위의 초능력적 원리들과의 관계를 함축하는 실천적 의례(儀禮)들과 믿음(신앙)들의 체계이다. 따라서 종교는 초능력적 대상과 그에 대한 믿음, 존경, 숭배라는 신자의 심리적 현상뿐 아니라 그러한 신앙의 표현으로서의 제의(祭儀), 신자들의 집합으로서의 사회적 조직을 함께 포함한다.

존 피니스(John Finnis, 1940~)는 인간이 추구해야 할 일곱 가지 기본적인 선을 생명, 지식, 놀이, 미적 경험, 우정, 실천이성, 종교라고 말했다. 여기서 우리는 인간이 가지는 가장 중요한 가치 중의 하나가 종교이고 이는 무제한적이고 절대적인 가치인 신과의 조화라는 것을 알 수 있다.

윌프레드 스미스(Wilfred Cantwell Smith, 1916~2000)는 서양 종교사에서 종교는 네 가지 의미를 가지고 있다고 했다. 첫째는 인격적 경건, 둘째는 이상적 체계, 셋째는 역사적·사회학적 현상, 넷째는 포괄적 요약 즉, 종교 일반이다. 스미스는 여기서 인격적 경건과 종교 일반으로서의 의미는 혼란스럽고 불필요하다고 주장하고 이상적 체계와 역사적 · 사회학적 현상으로서의 의미는 왜곡된다고 주장한다. 스미스는 또한 서양에서 종교라는 개념이 변화해 온 것을 다음과 같이 정리했다. 경건, 경배, 신앙과 같은 내적이고 인격적인 지향성이 구체화의 과정을 겪어 객관적이고 체계적인 실체로 변화한다. 즉 추상적인 마음의 상태였던 종교라는 개념이 점점 객관적이고 체계적인 제도의 의미로 변화해 왔다는 것이다. 그는 이를 '제도화' 혹은 '개념적 구체화'라고 부른다. 좀 더 자세하게 설명하자면 믿음, 신앙이라는 개인적 경향성이 이상적 경향성으로 바뀌고 이것이 더 추상화되어 오히려 구체적 제도로 바뀐다는 것이다.

이렇게 구체화되어 온 종교에는 두 가지 성격이 있다. 하나는 역사적으로 쌓여져 전통으로 끊임없이 진화하는 것이고 다른 하나는 개인의 인격적 신앙으로 개인마다 서로 다르다는 것이다. 사실 종교라는 말은 이 두 가지 동적인 성격이 섞여서 이루어진 것이다. 스미스에 따르면 대부분의 사람들에 있어 자신의 종교는 경건(piety), 신앙(faith), 복종(obedience), 경배(worship), 신을 봄(a vision of God)을 의미하지만 타인의 종교는 믿음의 체계나 제의, 혹은 지켜야 할 것들에 대한 추상적이고 비인격적인 유형을 의미한다고 한다. 스미스는 우리가 또한 믿음(belief)과 신앙(faith)의 차이를 알아야 한다고 주장한다. 믿음은 파생된 말로 신앙에 비해 비활동적인 문제에 관련된다. 반면 신앙은 활동적인 상태를 가지고 조물주 및 그의 동료들과의 역동적 관계를 갖게 한다.

종교는 어떻게 생겨났을까?

생로병사라는 인간적 삶에 있어서 가장 중요한 일들은 예측 불가능한 경우가 많다. 또한 인간은 가뭄, 홍수, 번개, 한파 등 천재지변을 겪으며 자신의 무력함을 깨닫고 그러한 자연의 힘 뒤에는 어떤 인격적 내지는 초월적 존재가 있다고 믿게 되었다. 때문에 그러한 초월적 존재와 좋은 관계를 유지하는 것이 자신들의 안전에 필수적이라고 생각하였고 그리하여 원시적 형태의 종교들이 생겨났다. 샤머니즘, 애니미즘, 토테미즘이 이러한 원시적 형태의 종교이다. 가장 위대한 존재에 대한 경외심은 궁극적 문제에 대한 일종의 관심이다. 이는 무조건적인 사랑, 충성, 헌신, 숭상, 경외, 존경을 포함한다.

이러한 종교들은 고대 국가의 형성과 더불어 정치와 때로는 결탁하기도 하고 때로는 대립하기도 하면서 발전해 왔다. 그러면서 철학 사상과의 결합을 통해 신학 체계를 갖춘 종교로 발전해 온 것이다. 서양 중세의 가톨릭 사회가 그 대표적인 예라고 할 수 있다. 당시에는 종교가 정치, 사회, 문화, 학문, 군사 등 모든 분야의 중심이었다. 그러면서도 성(聖)과 속(俗)이 구분되어 있었다. 이러한 구분은 교회와 국가 권력 간의 구분뿐 아니라 내세와 현세, 내면적인 것과 사회적인 것 등 여러 가지 의미를 가지는 구분이었다. 이는 반드시 대립만을 의미하는 것이 아니라 구분을 통한 관계 정립을 의미하기도 하였다.

종교에는 어떤 종류가 있을까?

일신교(Monotheism)는 신은 하나밖에 없다고 믿는 종교 형태이다. 대표적인 경우가 그리스도교(가톨릭, 개신교, 그리스 정교 등)와 이슬람교이다. 이 형태에서는 주로 신이 절대적이고 전지전능하며 어디든지 존재한다고 믿는다. 다신교(Polytheism)는 신이 여럿이라고 믿는 종교 형태이다. 대표적인 경우가 고대 그리스의 종교, 힌두교와 일본의 신도

(Shintoism)이다. 반면 자연신교라고도 불리는 이신론(理神論, Deism)은 이성적인 관점에서 신을 이해하는 것으로 신은 세계를 창조하지만 그 이후에는 세계의 질서에 간섭하지 않고 따라서 세계는 이성적 질서에 따라 움직인다고 생각한다.

무신론(Atheism)은 신이 없다고 믿는 견해이다. 모든 무신론자들은 종교를 부정한다고 생각하지만 실제로는 그렇지 않다. 어떤 종교인들은 무신론을 믿는다. 동양의 주요 종교 중에서 유교, 도교, 불교에는 신이 없다. 서양 사람들은 동양의 이 세 종교에 당연히 신이 있을 것이라고 생각하고 엉뚱한 질문을 하기도 한다. 유교나 불교나 도교의 신은 누구이며 당신들은 어떤 신을 믿느냐는 것이다. 그러나 공자도 노자도 석가모니도 신은 아니다.

샤머니즘은 특별한 능력을 가진 무당과 같은 샤먼이라는 직업을 가진 사람이 귀신과 같은 초자연적인 존재들과 접촉하면서 예언이나 병을 고치는 등의 일을 하는 종교 형태를 말한다. 물활론(物活論) 혹은 정령 신앙(精靈信仰)이라고도 불리는 애니미즘은 모든 것들에 혼(魂)이 들어 있어서 사람과 사물의 활동이 이 혼에 의존한다고 믿는 종교 형태이다. 토템 숭배는 자신이 속한 부족을 지켜 주는 특정한 동물이 있다고 믿는 형태이다. 때문에 그 동물을 신격화시키고 자신들과 동일시하는 경향이 있다.

종교의 종류를 지역별로 나누는 방법도 있다. 종교학자들은 일반적으로 현대의 주요 종교들을 다음의 세 가지로 분류한다. 첫째는 셈 족 계통의 종교이다. 여기에는 가톨릭, 개신교, 그리스 정교회, 성공회와 같은 그리스도교와 유태교, 이슬람교가 포함된다. 이들 종교의 특징은 강력한 유일신을 섬기는 일신교라는 데 있다. 이들이 섬기는 신은 세계를 창조한 신이고 전지전능하며 어디든지 존재하는 절대적인 신이다. 둘째는 중국, 한국, 일본을 중심으로 퍼져 있는 인본주의적 종교이다. 여기에는 유교와 도교가 포함된다. 이 종교에서는 신이라는 관념이 없거나 있더라도 인간과 별로 다를 바가 없는 존재이다. 합리적이고 현실적이며 인간 중심의 종교들로서 도덕적인 삶과 수행이 강조된다. 셋째는 인도에서 발생한 개인적 수행과 깨달음을 강조하는 종교들로 불교, 자이나교, 힌두교가 여기에 포함된다. 욕심과 집착을 버리고 자기 자신을 비우며 부정함으로써 우주와 동일한 진정한 자아를 찾을 수 있다고 믿는 것이 특징이다.

그렇다면 세계 종교의 인기 순위(?)는 어떨까? 신도 수로 추정한 결과 가장 많은 수를 차지한 것은 종교가 없다고 하는 무교이고, 둘째는 천주교, 셋째는 이슬람교, 넷째는 힌두교,

다섯째는 개신교, 여섯째는 불교라는 조사 결과가 있다. 우리 나라에서 순위는 무교, 불교, 개신교, 천주교 등의 순이다. 물론 이러한 조사 결과는 시대와 조사 기관에 따라 약간의 차이는 있다.

종교와 관련된 학문은 어떤 것이 있을까?

종교와 관련된 학문들은 여러 가지가 있다. 우선 가장 먼저 생각나는 것은 신학이다. 신학은 특정 종교와 관련된 변론 활동이다. 따라서 신학은 종교에 따라 완전히 다른 신학 체계를 만들어 낼 수 있다. 이슬람 신학과 그리스도교 신학이 다를 뿐 아니라 그리스도교 내에서도 가톨릭 신학과 개신교 신학이 서로 다르다. 신학이 아무리 특정 종교를 변호하는 역할을 하더라도 그것이 학문인 이상 학문적 방법론과 엄정성을 유지해야 할 것이다. 또한 다른 학문과 마찬가지로 신학적 토론 영역에서도 학문적 자유가 보장되어야 한다. 만약 그렇지 않다면 신학은 학문의 자격을 잃고 그저 종교 집단의 기관지 정도로 전락할 것이다. 1990년대 초 한국 개신교 일각에서 있었던 종교 다원주의 논쟁과 그로 인한 현대판 종교 재판은 신학이 가지는 학문적 위상을 흔드는 사건으로 기억된다.

종교 철학은 종교와 철학이 만나 만들어진 학문으로 종교에 대한 철학적 반성을 한다. 이는 종교란 무엇인가 하는 종교에 대한 근본적인 질문을 던지고 대답하는 활동으로 볼 수 있다. 인생과 세계에 대한 종교적 이해라는 것 자체를 대상으로 놓고 이를 이성적으로 탐구하는 것이 종교 철학이다. 따라서 어떻게 보면 비이성적 혹은 초이성적인 세계를 이성적으로 이해한다는 것이 모순되는 것처럼 보일 수 있다. 만약 활동으로서의 종교와 활동으로서의 철학이 만난다면 아마도 인생과 세계라는 현상에 대해 서로 다른 대답들을 놓고 논쟁을 벌일 것이다. 이 경우 상호 이해나 타협은 거의 불가능할 것이다. 그러나 이 둘은 서로 조화될 수 있다. 왜냐하면 비이성적인 것은 대상의 차원으로, 이성적인 것은 탐구하는 활동의 차원으로 서로 다르게 놓여졌기 때문이다. 따라서 이미 주어져 있는 종교를 비판적으로 바라보고 재구성하는 일이 종교 철학의 임무가 된다. 이러한 종교에 대한 비판적 활동으로서의 종교 철학은 그 안에 이미 종교와 철학 간의 조화와 긴장이라는 상반된 요소들이 같이 존재할 수밖에 없다. 왜냐하면 종교에 대한 비판적 활동이라는 것은 종교의 본질이나 의미 자체에 대한 의심뿐 아니라 개별 종교에 대한 비판의 토대도 마련해 주기 때문이다.

종교 철학은 '종교적으로 채색된 철학'도 아니고 '종교에 그 바탕을 둔 철학'도 아니다. 또한 종교 철학은 어떤 특정한 종교를 탐구하는 활동도 아니다. 종교 철학은 종교 자체를 이성화, 합리화하려는 노력도 더더욱 아니다. 바로 이 점에서 종교 철학은 신학과 구분된다. 신학은 특정 종교의 경전과 교리, 종교적 제의와 전통 등을 연구하고 변호하는 활동이다. 그러나 종교 철학은 특정 종교에 국한되지 않고 다양한 종교 혹은 종교 일반에 관련된 여러 문제들에 대해 객관적이고 철학적으로 비판, 반성하는 활동이다. 따라서 종교 철학을 연구하는 사람은 특정한 종교를 믿을 필요가 없다.

그 외에 종교와 다른 학문이 만나면 여러 분야들을 만들어 낼 수 있을 것이다. 종교가 역사학을 만나면 종교사가 되고, 사회학을 만나면 종교 사회학, 심리학을 만나면 종교 심리학이 된다. 현상학적인 방법론으로 종교를 바라보면 종교 현상학이 된다. 신화학은 신화라는 현상에 대해 종교뿐 아니라 문학, 철학, 심리학, 사회학, 문화 인류학에서 접근하는 학제적인 분야이다.

종교사는 종교의 발생과 발전 과정을 역사상 다른 사회 문화적 현상들과의 연관 속에서 연구하는 분야이다. 개별적 종교의 역사를 다루는 것도 있지만 종교 일반의 역사를 다루는 것도 있다. 또한 두 가지 이상의 종교들의 역사를 서로 비교하는 비교종교사도 있다.

종교 사회학은 경험적 현상으로서의 종교를 연구한다는 점에서는 종교 현상학과 같지만 종교적 행위의 사회적 유형과 그 사회적 현상과 결과 간의 상관관계를 연구하는 분야이다. 따라서 종교 사회학은 종교적 집단과 교리의 종류 그리고 그들 간의 유사성과 차별성, 종교 집단의 구성원, 종교적 신앙의 사회적 영향 그리고 그 과정과 역사 등과 같은 분야를 탐구한다.

종교 심리학은 종교 활동을 하는 인간의 심리의 기원, 본성, 구조, 현상 등을 연구하는 분야이다. 종교의 여러 현상 중에서 섬김의 대상과 의식, 제도 등을 다루지 않고 오직 종교 활동을 하는 인간의 정신을 연구한다는 점에서는 종교 현상학보다는 좁은 분야를 다룬다고 할 수 있다.

종교 현상학은 종교를 인간적 현상으로 이해하고 다양한 종교적 현상들 자체에 대한 기술적(記述的) 연구뿐 아니라 현상들 간의 연관 관계를 탐구한다.

신은 어떤 속성을 가지고 있을까?

신에 대한 생각에는 다음과 같은 세 가지가 있다. 첫째 신이 존재한다고 믿는 유신론, 둘째 신은 존재하지 않고 세상은 저절로 생겨났든지 원래부터 있었다고 생각하는 무신론, 셋째 신이 존재하는지 아닌지 잘 모르겠다고 하는 불가지론이 있다.

유신론에는 또 여러 가지 종류가 있다. 첫째는 여러 신들이 존재한다고 믿는 다신론으로 그리스 신화, 힌두교, 일본의 신도가 대표적이다. 다신론의 한 변형인 이원론(Dualism)은 선한 신과 악한 신이라는 두 신이 서로 대립하는 모델을 제시하는 것으로 조로아스터교가 대표적이다. 둘째는 단일신론 혹은 단신교인데 이는 여러 신들이 존재하지만 그중에서 가장 최고의 신 하나만을 섬겨야 한다고 주장한다. 셋째는 유일신론 혹은 일신교로서 오로지 하나의 전지전능한 신만이 존재한다고 주장하는 그리스도교와 이슬람교가 대표적이다. 신이 있고 또 우리가 그 신을 섬겨야 하지만 신은 피조물에 관여할 수도 없고 관여하지도 않는다고 주장하는 자연신론도 여기에 속한다. 넷째는 자연 만물 모든 것들에 신이 다 깃들어가 있다는 주장으로 범신론이라고 불린다.

세상에 존재하는 여러 종교들에서 섬기는 신들의 기본적 속성에는 다음과 같은 것들이 있다. 첫째는 창조주(Creator)로서의 신이다. 신은 세상을 자신의 지혜와 의지로 창조한다. 따라서 신은 세상을 다스리는 능력과 권한을 가지고 있다. 둘째는 전지(Omniscience)인데, 이는 신이 세상에 일어나는 모든 사건들과 사실들을 다 알고 있다는 것이다. 신은 모든 과거의 사건들과 현재의 일들뿐만 아니라 미래에 일어날 일까지도 다 알고 있다. 이는 신이 자신의 계획대로 세상을 창조했기 때문에 가능한 일이다. 셋째는 전능(Omnipotence)으로 신은 세상 모든 일을 다 할 수 있다는 의미이다. 물론 그 전능의 의미는 종교와 신학자들마다 다를 수 있다. 즉, 논리적 모순까지도 극복할 정도로 신의 권능에는 한계가 없다는 견해도 있지만 신은 논리적으로 가능한 일 안에서만 모든 것을 할 수 있다는 온건한 입장도 있다. 넷째는 신은 세상 어디든지 갈 수 있고 있을 수 있다는 무소부재(Omnipresence)이다. 신은 물리적인 존재가 아니기 때문에 시간과 장소의 제약을 받지 않는다. 신은 교회에도 있을 수 있고 또한 내 마음속에도 있을 수 있다. 다섯째는 신의 품성이 완전하다고 하는 완전성(Perfectness)이다. 이 완전성이라는 개념은 신의 다른 속성들과도 관련되는데 신의 능력과 선함과 지혜가 완벽하다는 의미를 가지고 있다. 여섯째는 신이 세상의 모든 존재보다 더 선하고 가장 선한 존재라고 하는 선함(Good)이다. 신은 다른 모든 존재들보다 더 선하기 때문에 우리는 도덕적 선의 원형을 신에게서 찾을 수 있다. 물론 이 여섯 가지 속성들이 세상의 모든 신들에게 다 적용되는 것은 아니다. 이 속성들은 단지 세계의 많은 신들에게서 발견할 수 있는 속성들을 모아 본 것에 불과하다.

이 외에도 신이 가지는 형이상학적 속성들이 있다. 첫째는 단순성(Simplicity)이다. 신에게 있어 존재와 선함과 영원함과 전능함과 지혜는 전혀 구별되지 않는다. 왜냐하면 이러한 성질들의 구별은 인간에게만 있는 것이고 절대적인 신에게 있어서는 다 같은 것이 되기 때문이다. 이는 신이 무한하고 완전하기 때문에 가능하다. 둘째는 불변성(Immutability)이다. 신은 세상으로부터 어떠한 영향도 받지 않고 스스로 변화하지도 않는다. 변화라는 것은 어떤 것을 잃고 다른 어떤 것을 얻는 과정이다. 그런데 신은 단순하고 완전하기 때문에 더 이상 얻을 것도 잃을 것도 없다. 따라서 신에게는 어떠한 변화도 있을 수 없다. 셋째는 영원성(Eternity, Timelessness)이다. 신이 세상을 창조했기 때문에 세상의 모든 것은 창조 전에는 없었다. 그러나 신은 창조 이전부터 존재했다. 그리고 신은 지금도 미래의 어느 순간에도 존재한다. 설사 세상의 종말이 있다고 하더라도 신은 그 후에도 살아 있을 것이다. 신은 불멸하고 죽지 않기 때문이다. 넷째는 무감각성(Impassibility)이다. 신은 감정도 없고 외부로부터의 영향도 받지 않는 완전한 존재이기 때문에 고통도 기쁨도 느끼지 않는다. 그럴 필요가 없는 존재이기 때문이다.

이 모든 속성들은 서로 모순되는 것처럼 보일 수도 있다. 예를 들어 신의 선함과 전능함은 서로 모순되는 것처럼 보인다. 왜냐하면 신이 전능하다면 무엇이든 할 수 있어야 하고 그렇다면 악한 행동도 할 수 있어야 한다. 그런데 만약 신이 실제로 악한 행동을 한다면 신의 선함과 모순된다. 이러한 문제들에 대해서는 3장에서 살펴볼 것이다.

우리는 왜 종교를 믿는가?

2004년 한국 갤럽에서 조사한 바에 따르면 한국 사람들이 종교를 믿는 이유 중 1위는 "마음의 평안을 얻기 위해"(67.9%)로 이와 같은 답변이 압도적인 다수를 차지했다. 그 다음 2위는 "복을 많이 받기 위해서"(15.6%)이고, 이어서 3위는 "죽은 다음 영원한 삶을 얻으려고"(7.8%), 4위는 "삶의 의미를 찾기 위해"(7.0%)였다. 그렇다면 이 여론 조사의 결과대로 우리는 대부분 마음의 평안을 얻기 위해 종교를 믿을까? 그것만이 바람직하고 종교가 가지는 의미에 부합되는 것일까? 만약 그렇게 생각한다면 우리는 주체성 없이 다수의 견해를 추종하는 것이고 또한 깊은 생각이 없는 종교 생활을 영위하게 될 것이다. 부모님이 기독교 신자라고 나도 기독교신자가 되어야 하는 법은 없다. 남편과 시댁 식구들이 절에 다닌다고 나도 불교를 믿어야 하는 것은 아니다. 헌법에 써 있기 때문이라는 이유만으로 개인의 종교의 자유가 보장되어야하는 것은 아니다. 종교의 자유는 인간의 가장 기본적인 권리에 속하기 때문에 인간적인 삶을 살기 위해서 반드시 보장되어야 할 조건인 것이다.

물론 마음의 평안을 위해 종교를 믿는 것이 나쁘다고 말할 수는 없다. 그러나 마음의 평안만을 위해 종교를 믿는다면 그 사람은 마음의 평안을 주는 것이면 얼마든지 종교를 바꿀 수도 있고 또한 종교 이외의 다른 활동을 할 수 있을 것이다. 복을 많이 받기 위해서 종교를 믿는 것이 바람직하다고 말할 사람은 별로 없을 것이다. 개인의 이익을 위해 존재하는 종교는 그 가치가 떨어지는 것임에 틀림없다. 또한 죽은 다음 영원한 삶을 얻기 위해 종교를 믿는 것도 이기적인 측면이 있다고 할 수 있다. 종교를 믿는 이유가 천국과 영생에만 있다면 그 사람은 현재 살아가고 있는 세계에는 관심이 없고 죽은 다음의 세계에만 신경을 쓰게 될 것이다. 몇몇 사이비 종교에서 말세론을 지나치게 강조하고 이를 빙자해서 신도들에게 각종 착취를 하는 것이 그 병폐를 드러내 준다. 그러한 사람들은 어떤 멋진 인생을 설계하고 이루어 나가는 것이 아니라 그저 죽기 위해 살아간다. 이외에도 어떤 신비한 체험 때문에 종교를 믿는 사람들이 있다. 그들은 종교에서 어떤 심오한 진리를 찾으려고 하기 보다는 미래를 예측하거나 병을 고치거나 모르는 외국어로 기도하는 것과 같은 신비하고 초자연적인 현상에 매력을 느낀다. 그러나 이러한 현상은 특정 종교에서만 일어나는 것이 아니고 또한 종교를 떠나서도 볼 수 있다. 따라서 종교를 믿는 합당한 이유가 될 수 없다.

종교를 믿는 가장 바람직한 태도는 삶의 의미를 찾기 위해서이어야 할 것이다. "왜 사느냐?" 라고 하는 문제는 우리의 인생에 있어 가장 중요한 문제 중 하나이다. 그런데 이 문제는 결코 쉽게 풀릴 수 있는 것이 아니다. 어쩌면 평생 풀 수 없는 문제일 수도 있다. 종교와 철학은 삶의 의미와 목적이라는 문제에 대한 해답을 추구한다. 이 점에서 종교는 철학과 그 목적을 같이한다. 그런데 인생의 의미를 깨닫는 것은 앎의 차원에서 끝나는 것이 아니다. 인생의 의미를 깨달으면 삶에 있어서 여러 가지 불안함을 극복하고 절망을 이길 수 있게 된다. 이러한 점에서 실존주의 철학자 키에르케고어는 불안과 절망이라는 인간의 실존적 문제를 치유하는 것으로 종교를 제시했다. 우리는 또한 종교를 통해 왜 도덕적으로 살아야 하는가 하는 이유를 알게 되고 사회의 의미를 절감하게 된다. 여기서 이웃을 사랑하고 남을 섬기는 태도가 생긴다. 테레사 수녀나 간디가 종교인이 아니었다면 과연 그러한 위대한 인생을 살 수 있었을까?

2

과연 **신**은
존재할까?

어느 호기심 많은 소년이 있었다. 소년은 과학자가 되려고 하는 꿈을 가지고 있었고 무엇이든 실험을 통해 증명해 보려고 하는 탐구적 성향이 강했다. 그래서 교회에서 가르쳐 주는 신에 관한 이야기는 도무지 성에 차지 않았다. 처음에 아무것도 없는 가운데 신이 세상의 모든 것을 창조했고, 예수는 빵 다섯 조각과 두 마리의 물고기로 오천 명의 사람들을 먹이고도 남았다는데, 소년에게는 아무런 기적도 보이지 않았다. 어린 나이에 보아도 성서에서 나오는 신에 관한 이야기는 과학적으로 증명될 수 없고 비합리적인 부분들이 많아 보였다. 그래서 그 소년은 목사님께 가서 여쭤 보았다. "신은 과연 있습

니까? 그렇다면 제게 그 증거를 보여 주십시오." 그러자 그 목사님은 "인간은 너무도 어리석어서 신을 볼 수도 없고 신의 존재를 증명할 수도 없단다. 그저 믿을 수 있을 뿐이란다."라고 대답했다. 우리는 알 능력이 없으니 그저 믿기만 해라? 이처럼 엄청난 과학 기술을 이룩한 인간의 지혜를 가지고도 신이 있는지조차도 알 수 없다? 어린 소년으로서도 도무지 받아들일 수 없는 말이었다. 소년은 그 후부터 한동안 교회에 나가지 않았다.

소년의 물음에 대한 목사님의 답변은 우리의 지식의 한계로 인해 신에 대해서는 아는 것이 불가능하기 때문에 무조건 믿어야 한다고 하는 주장으로 서양의 중세 철학자 테르툴리아누스(Tertullianus, ?160~?220)의 "불합리하기 때문에 믿는다(Credo quia absurdum)."라는 말과 통한다. 그리고 이것은 대부분의 개신교의 전통으로 이어져 신에 대한 증명 따위는 아무런 의미도 없는 것으로 여겨져 왔다. 그러나 그와 동시에 서양 중세 철학의 오랜 전통에서는 신의 존재에 대한 합리적 증명이 시도되었고 그러한 노력들은 근대를 거쳐 현대에도 많은 논의를 거듭하고 있다. 사실 신에 대한 논증은 종교철학의 중요한 주제 가운데 하나이다. 이러한 의미에서 **안셀무스**(Anselmus, 1033~1109)가 "나는 이해하기 위해서 믿는다

(Credo ut intelligam).''라고 말한 것은 신에 대한 지식을 긍정적으로 보는 가톨릭의 전통을 반영하고 있다는 것을 알 수 있다.

우리는 앞에서 신의 존재에 대한 태도는 크게 세 가지로 나누어질 수 있다는 것을 보았다. 유신론과 무신론, 불가지론이 그것이다. 유신론자는 신이 있다고 확신하는 사람이다. 그런데 유신론자 중에는 신의 존재를 논리적으로 증명할 수 있다고 주장하는 사람들이 있다. 신앙과 철학을 동시에 추구했던 중세의 오랜 기간 동안 많은 학자들이 신의 존재를 증명하려고 했다. 그중 탁월한 방법을 사용해서 신의 존재를 증명한 사람들이 안셀무스와 토마스 아퀴나스(Thomas Aquinas, ?1225~1274)이다.

존재론적 증명은 안셀무스가 『프로스로기온(*Proslogion*)』이라는 책에서 처음 소개한 것으로 신의 완전함이라는 개념 자체에서 신의 존재를 논리적으로 도출해 내는 방법이다. 안셀무스는 다음과 같이 신의 존재를 입증했다. 심지어 바보도 우리의 관념에서 뿐 아니라 실재에 있어서도 가장 위대한 것이 존재한다는 것을 생각할 수 있고 또한 동의할 수 있다. 우리의 마음속에 있는 것보다 실재하는 것이 더 위대하기 때문에 진정으로 더 위대한 것은 실재해야 한다. 그의 복잡한 논증을 간략하게 만들면 다음과 같은 삼단논법이 될 것이다.

대전제: 완전한 존재는 마음속에서뿐 아니라 실제에 있어서도 존재해야만 한다.

소전제: 신은 완전하다.

결론: 따라서 신은 마음속에서 뿐 아니라 실제에 있어서도 존재해야만 한다.

안셀무스는 이 논증을 기하학의 논증과 같이 확실하다고 믿었다. 삼각형이라는 개념으로부터 내각의 합은 두 직각 즉, 180도라는 결론이 도출된다. 마찬가지로 신이라는 개념으로부터 신은 존재한다는 결론을 도출할 수 있다고 생각한 것이다. 안셀무스는 신에 대한 올바른 관념을 가진다면 말과 머릿속에서만 신이 존재한다는 사실을 부인할 수 있을 뿐 실제에 있어서는 신이 존재한다는 사실을 인정해야만 한다고 주장했다. 따라서 신이 존재한다는 것을 진정으로 부인하는 것은 어리석고 정신 나간 일이라고 했다. 그런데 여기에는 안셀무스 자신도 미처 보지 못하고 있었던 기본적인 전제가 둘 있다. 첫째는 신앙을 통해 신이라는 관념이 주어져야 한다는 점이고 둘째는 마음속에 있는 것은 실제로도 있어야 한다는 점이다. 그런데 이 두 가지 전제가 과연 모든 사람들에게 받아들여질 수 있을까?

우리는 다음과 같이 안셀무스의 존재론적 논증을 비판할 수 있다. 첫째는 그 논증의 대전제를 공격하는 것이다. 완전한 존재는 마음속에서뿐 아니라 실제로도 존재해야만 한다고 했는데 그렇다면 완전한 것이면 무엇이든 실제로 존재해야 한다. 그런데 내 마음속에 있는 이상형은 완벽한 외모와 성격과 지능과 기타 등등 완벽한 것들로 가득 차 있지만 실제로 존재하지 않을 수 있다. 또한 내가 지금 먹고 싶은 완벽한 맛의 떡볶이는 내 머릿속에는 존재할 수 있지만 당장 내 앞에 존재하지 않는 경우가 더 많다. 만약 안셀무스의 말대로라면 100퍼센트 황금으로 가득 찬 산을 머릿속에 생각하면 그 순간 내 앞에 나타나야 한다. 그러나 실제로 그러한 일이 일어나리라고 기대할 수는 없다. 사실 이 대전제는 플라톤 철학이 제시하는 실재론에 근거한 것이다. 즉, 가장 완전한 것이 실재적인 것인데 만약 이러한 실재론을 받아들이지 않는다면 그것은 대전제로서의 기능을 다할 수 없게 된다. 따라서 대전제로서의 신뢰성에 상당한 의문이 생기게 된다.

둘째는 논증의 소전제를 공격하는 것이다. 소전제에서 안셀무스는 신은 완전하다고 주장했다. 그런데 과연 그럴까?

극악무도한 연쇄 살인범의 난동이나 눈멀고 귀먹은 사람이 교통사고로 입원했는데 입원비조차 구할 수 없는 비참함을 보고만 있는 신이 과연 완전한 신이라고 말할 수 있을까? 그러한 신이 완전하다고 전제하는 것은 기독교나 유대교 혹은 이슬람과 같은 유일신의 전통에서나 가능하다. 반면 그리스 신화에 나오는 신들은 때로는 인간처럼 시기심이나 과도한 욕심 때문에 중대한 실수를 하기도 하는 불완전한 신들이다. 안셀무스는 이성적 논증의 기초로 개인적인 믿음을 사용했다. 따라서 그의 논증은 이성에 대한 신앙의 우위를 받아들이는 사람들에게만 유효하다고 볼 수 있다.

셋째는 가우닐로(Gaunilo, ?~?)의 비판이다. 위의 두 비판과 연관되지만 가우닐로는 자신의 표현을 가지고 안셀무스의 존재론적 신 존재 증명을 비판한다. 우리 인간은 신의 존재를 추론할 수 있는 근거로서의 신에 대한 올바른 관념을 가지지 못한다. 또한 우리 외부에 어떤 것이 존재한다는 것을 증명하기 위해 우리 마음 안에 있는 어떤 것에 의존할 수 없다. 만약 우리 마음속에 있는 것이 외부 존재의 근거가 된다면 비유적인 것들과 환상의 도시인 아틀란티스도 존재해야만 한다.

이러한 비판들에 대해 안셀무스는 기능적으로 아름다운 존재와 기능적으로 필연적인 존재는 서로 구분되어야 한다고 대답하면서 황금 산이나 나의 이상형과는 달리 신은 필연적인 존재이기 때문에 반드시 존재해야 한다고 주장했다. 즉 비판하는 사람들이 사용하는 비유들이 적절치 못하다는 것이다. 그러나 결국 그의 존재론적 증명은 논리적인 것들을 존재론적인 것들로 환원시키는 문제를 극복하지 못하고 있다. 사실 근대 이전의 시대에는 머릿속에 있는 관념과 실제로 존재하는 것 사이의 차이를 명확하게 구분하지 못하는 사람들이 많았다. 존재론적 신 존재 증명을 주장하는 사람들은 신앙에서 출발해서 중간에는 논리적 추론 과정이라는 지성을 사용하지만 결국은 신앙으로 돌아갔다.

한편 13세기의 중세 철학자 **토마스 아퀴나스**는 안셀무스와는 상당히 다른 방식으로 신의 존재를 증명하려고 하였다. 그것이 바로 다섯 가지의 신 존재 증명이라고 불리는 것이다. 아퀴나스는 안셀무스의 존재론적 신 존재 증명을 비판하고 태어날 때부터 가지고 있는 완전한 신에 대한 관념에 의존하지 않는다. 대신 그는 아리스토텔레스 철학에 따라 경험적 사실에서 출발한다. 그의 신 존재 증명의 다섯 가지 방법은 흔히 "다섯 가지의 길"이라고 불리는데 그 내용은 다음과 같다.

첫 번째 길은 운동(변화를 포함한 넓은 의미의 운동)이라는 개념으로 증명하는 방법이다. 이 세상에 존재하는 것들 중에서 어떤 것들은 움직이고 있다는 것은 가장 기초적인 경험적 사실에 속한다. 그런데 이 세상에는 스스로 움직이는 것이란 없다. 움직이는 것은 무엇이든 다른 것에 의해 움직이기 마련 이다. 다시 말해 운동에 있어서 수동적인 것은 능동적인 것에 의해 움직여진다. 왜냐하면 운동이라는 것은 움직일 가능성 이 있는 것이 실제로 움직이는 것으로 변하는 것에 불과하기 때문이다. 예를 들어 박지성은 골을 넣을 수 있는 가능성을 가진 축구 선수이고 박지성이 골을 넣는 움직임은 그러한 가 능성이 실제로 움직이는 것으로 변화한 것에 불과한 것이다. 다시 말해 움직일 가능성이 없는 것들은 움직이지 않지만, 움 직일 가능성이 있는 것들은 운동을 일으키는 자에 의해 실제 로 움직여진다. 또한 나무는 타서 뜨거워질 수 있는 가능성이 있다. 그런데 불이라는 운동을 일으키는 원인이 생기면 나무 는 스스로 타게 되고 뜨거워지게 된다. 이것이 뜨거워진다는 일종의 운동이다. 따라서 모든 움직여지는 것들은 다른 움직 이는 것에 의해 움직여진다는 사실을 알 수 있다.

그런데 겉으로 보기에는 스스로 움직이는 것처럼 보이는 것들이 있다. 예를 들어 인간은 물론 다른 것에 의해 움직여 지기도 하지만 스스로 움직이기도 한다. 축구 선수 박지성은 스스로 골을 넣을지 판단해서 골을 넣는다. 동물들의 경우에도 비록 본능에 의해서 움직이기는 하지만 스스로 결정을 내린다는 점에서 스스로 움직이는 존재이다. 그러나 스스로 움직이는 것들도 실제로는 그 안에 움직이는 부분과 움직여지는 부분이 따로 있다. 박지성의 발은 박지성의 머리가 내리는 명령을 따라 움직이는 것이기 때문에 박지성에게 있어 발은 움직여지는 수동적인 부분이고 머리는 움직이는 능동적인 부분이다. 그런데 머리의 명령은 그저 머리 스스로 내린 것일까? 외부의 다른 원인에 의해 내려진 것은 아닐까? 물론 박지성은 직접 골을 넣지 않고 박주영이나 이영표와 같은 대표팀 내의 다른 선수에게 패스할 수도 있다. 박지성이 직접 골을 넣겠다고 판단을 내리는 것은 분명 그 스스로 한 것이지만 여기에는 여러 가지 외부적 원인들이 있을 수 있다. 골을 많이 넣으라고 열광하는 팬들의 성원 때문일 수도 있고 감독의 격려에서 자극받을 수도 있을 것이다.

따라서 우리는 세상에는 스스로 움직이는 것이 하나도 없다는 것을 알 수 있다. 비록 허투루 보기에는 스스로 움직이는 것처럼 보이는 것들도 사실은 다른 것에 의해 움직여진다는 사실은 쉽게 밝혀질 수 있다. 예를 들어 사냥꾼의 총에 맞고 쓰러진 사슴의 경우 사슴의 쓰러짐과 죽음이라는 운동은 총알에 의해 생겨났고, 그 총알의 움직임은 방아쇠를 당긴 사냥꾼의 손가락에 의해 생겨났다. 그리고 사냥꾼의 손가락의 움직임은 사냥꾼의 머리가 내린 명령을 따른 것이고, 사냥꾼이 그 사슴을 쏘고자 하는 판단을 한 것은 굶주리고 있는 식구들 때문일 수 있다. 그리고 그 사냥꾼의 식구들이 굶주리는 것은 흉년이라든가 가난 때문일 수 있고, 그 가난은 그들의 조상들의 가난 때문일 수 있다. 이런 식으로 세상의 모든 움직여지는 것들을 움직이는 것들은 꼬리에 꼬리를 물고 이어진다.

그런데 그 운동의 원인들이 과연 끝없이 이어지는 무한한 사슬과 같은 것일까? 그렇게 움직이는 자들이 끝없이 이어진다고 말하는 것은 모순된다. 따라서 세상의 모든 것들을 움직이는 최초의 움직이는 자가 있어야 한다. 이 최초의 움직이는 자를 '부동의 원동자(unmoved prime mover)'라고 한다. 이는 스스로는 움직여지지 않으면서 다른 모든 것들을 움직이는 자다. 즉 능동이기는 한데 수동일 수는 없는 존재이다. 이러한 존재는 신일 수 밖에 없다. 따라서 신은 존재한다. 이러한 신 존재 증명 방법은 아리스토텔레스의 운동 개념과 최초의 원동자 증명 방법을 따라 만든 것으로 아퀴나스의 다섯 가지 길 중에서 가장 확실한 신 존재 증명 방법으로 꼽히고 있다.

두 번째의 길은 작용인으로부터의 증명이다. 첫 번째 길과 비슷하지만 운동이라는 개념 대신에 작용인이라는 개념을 사용한다. 우리는 경험적 사실에서 생겨나고 만들어지는 세상의 모든 것들은 그 원인이 있다는 것을 안다. 이것이 아리스토텔레스의 사원인(四原因) 중의 하나인 작용인* 혹은 능동인이다. 그런데 모든 존재는 다른 것에 의해서만 만들어진다. 자기 스스로 자신을 만든다는 것은 불가능하다. 왜냐하면 어떤 것이 만들어지기 위해서는 만들어지는 것보다 만드는 것이 먼저 존재해야 하기 때문이다. 우유가 만들어지기 위해서는 젖소가 먼저 있어야 하고 동상을 만들기 위해서는 조각가가 먼저 있어야 한다. 그런데 우유는 젖소가 만들지만 그 젖소는 자신의 부모 젖소에 의해 만들어지고 그 부모는 다시 그들의 부모에 의해 만들어진다. 이런 식으로 끝없이 갈 수 있는 것처럼 보이지만 실제로는 불가능하다. 이러한 것을 철학에서는 '무한 소급의 불가능'이라고 말한다. 따라서 세상의 모든 것을 만든 최초의 작용인이 있어야 한다. 그 작용인은 다른 것들은 만들지만 스스로는 다른 것에 의해 만들어지지 않아야 한다. 이러한 존재는 신일 수밖에 없다. 따라서 신은 존

---

* **작용인** 아리스토텔레스가 말한, 사물을 생성하고 변화시키는 네 가지 원인 가운데 하나. 예를 들면, 건축에서의 건축가나 그 작업이 여기에 해당한다.

재한다.

세 번째 길은 우연적인 것(혹은 가능한 것)과 필연적인 것의 구분으로 증명하는 방법이다. 우리는 경험으로부터 세상에 어떤 것들은 생겨나고 어떤 것들은 없어지게 된다는 것을 안다. 또한 세상에는 우연적인 것들과 필연적인 것들이 있다는 것도 안다. 우연한 것은 가능한 것이지만 필연적인 것은 가능한 정도가 아니라 반드시 그래야만 하는 것이다. 그런데 오직 가능한 것들만으로는 모든 존재들을 설명할 수 없다. 우연적인 것들은 필연적인 것들에 의해서만 생겨날 수 있다. 그러나 필연적인 것들은 다른 필연적인 것들이나 혹은 생겨나지 않고 원래부터 있었던 것에 의해서만 생겨날 수 있다. 필연적인 것들이 필연적인 것에 의해 생겨나는 첫 번째 경우는 일련의 발생 과정 중에서 단지 중간에 있는 것에 불과하다. 그러나 필연적인 것이 원래부터 있었던 것에 의해 생겨나는 두 번째 경우 필연적인 것은 다른 것에 의해 생겨나는 것이 아니다. 원래부터 있었던 것은 스스로 필연적인 것이다. 따라서 다른 것에 의해 필연적으로 생겨나지 않고 그 스스로 필연적인 존재가 처음 존재해야 한다. 그리고 그 존재는 신일 수밖에 없다. 따라서 신은 존재한다.

이러한 첫 번째, 두 번째, 세 번째 길들은 모두 원인과 결과라는 관념들을 이용했고 무한 소급이 불가능하다는 원리를 이용했다는 점에서 공통적으로 아리스토텔레스의 방식을 따르고 있는 신 존재 증명의 방법들이다. 따라서 이 셋을 **우주론적 증명**(cosmological arguments)이라고 부른다.

네 번째 길은 완전성의 정도를 이용한 방법이다. 우리는 경험적 사실로부터 어떤 것들은 덜 선하고 어떤 것들은 더 선하다는 사실을 안다. 어떤 것은 더 완전하고 또 어떤 것은 덜 완전하다. 그런데 이러한 완전성의 차이는 가장 참되고 가장 고귀하며 최고의 존재를 얼마나 닮았느냐에 따라 정해진다. 따라서 완전성의 정도가 가장 높은 가장 완전한 존재가 필연적으로 존재해야 한다. 왜냐하면 복사할 때 원본이 없으면 복사본이 있을 수 없는 것처럼 가장 완전한 존재가 없다면 그것을 닮은 다른 덜 완전한 존재들도 존재할 수 없기 때문이다. 따라서 원본으로서의 존재는 반드시 있어야 하고 그 존재는 세상의 모든 존재를 있게 해 주는 가장 완전한 존재이다. 그 존재가 바로 신이다. 따라서 신은 존재한다. 이러한 신 존재 증명 방법은 완전성의 원형을 전제하고 있다는 점에서 플라톤주의*의 영향을 받았다고 말할 수 있다.

---

* **플라톤주의** 플라톤풍의 이상주의적이며 관념론적인 철학.

다섯 번째 길은 우주의 질서라는 생각에 의존한다. 우리는 경험적 사실들로부터 이 세상에는 규칙성이라는 것이 있다는 것을 안다. 자연적 물체나 생물들은 비록 알지 못하더라도 각각 자신들의 존재의 이유 혹은 본성을 위해 행동한다. 그런데 이 모든 자연의 존재들이 자신에게 맡겨진 존재의 이유를 달성하기 위해 각기 나름대로 행동하는 가운데 완벽한 조화가 이루어진다는 사실을 우리는 알고 있다. 그리고 자연이 가지고 있는 규칙성이나 균형은 너무도 완벽해서 우연히 일어났다고 생각하기 힘들다. 우리는 금강산이나 그랜드캐니언과 같은 멋진 자연의 모습을 보고 우연히 그렇게 절묘한 아름다움이 만들어졌다고 믿기 어렵다. 생태계를 유지하는 자연의 조절력은 인간의 힘으로는 도저히 따라갈 수 없을 정도이다. 따라서 이 모든 존재들을 자신의 자연적인 목적을 향하도록 지도하면서도 그 각각의 목적들이 서로 충돌하지 않고 조화를 이루도록 총체적인 계획을 하는 지성적 존재가 있어야만 한다. 그리고 그 존재는 최고의 완벽한 지성을 지닌 신일 수밖에 없다. 따라서 신은 존재한다.

이 다섯 가지의 길들은 다음과 같은 공통적 특성을 가지고 있다. 첫째, 신 존재 증명의 출발점이 모두 경험적 관찰이라는 점이다. 논리적인 원리가 아니라 우리가 흔히 일상적 경험에서 충분히 알 수 있는 점에서 출발한다. 둘째, 그 경험에서 출발해서 그것들의 근원으로 거슬러 올라갈 수 있고 그 가장 위에 있는 최종점에는 신이 있다는 점이다. 셋째는 운동이든 작용인이든 아니면 우연이나 완전성이나 질서이든 모든 것에는 원인이 있다는 생각이다. 그런데 이러한 신 존재 증명에는 결정적인 문제점들이 있다. 안셀무스의 신 존재 증명이 가지는 문제점은 위에서 지적을 했기 때문에 여기서는 아퀴나스의 신 존재 증명 중 특히 우주론적 신 존재 증명이 가지는 문제점을 지적하겠다. 우주론적 신 존재 증명은 다음과 같은 구조를 가지고 있다,

"아리스토텔레스주의의 목적론적 세계관에 따르면 세상의 모든 것들에는 원인이 있고 그 원인들은 각기 그것보다 상위의 원인들에 의해 야기되었다. 그런데 그 원인들의 사슬은 끝없이 갈 수 없기 때문에 최초의 원인이 하나 있어야 하고 그 원인은 다른 것에 의해 야기되지 않는 어떤 것이어야 한다. 그것이 신이다. 따라서 신은 존재한다."

그런데 문제는 여기서 처음에 나오는 전제와 결론이 서로 모순된다는 사실이다. 처음에 세상의 모든 것들은 각기 그 원인을 가진다고 해 놓고 나중에 결론에서는 다른 것에 의해 야기되지 않는 최초의 원인이 있어야 한다고 주장한다. 이 둘

은 양립할 수 없다. 즉, 둘 중의 하나만 참이고 둘 다 받아들일 수 없다는 말이다. 따라서 버트런드 러셀(Bertrand Russell, 1872~1970)같은 무신론자는 "누가 하느님을 만들었나?" 하는 문제를 제기한다. 세상의 모든 것이 각기 자신의 원인을 갖는다면 하느님도 자신을 만들어 준 원인을 가져야 한다는 것이다. 그렇지 않으면 하느님은 세상에 존재하지 않기 때문이다.

3

신이란
어떤 존재일까?

- 신은 정말로 무엇이든 다 할 수 있을까?

- 신이 선한데도 악이 존재할 수 있을까?

- 신이 이미 모든 것을 결정했는데도 우리는 자유롭게 선택할 수 있을까?

신이 있는가 하는 문제 다음으로 중요한 문제는 신이 만약 있다면 그 신은 어떤 존재인가 하는 문제이다. 우선 신의 능력에 대한 물음이 있을 수 있다. 신은 과연 전능한 존재인가? 그렇다면 신의 능력과 자연법칙이 충돌하는 경우는 어떻게 설명해야 하는가? 두 번째로 신의 선함과 악의 존재 간의 양립 가능성에 대한 문제가 있다. 신은 선한 존재인가? 그렇다면 전능하고 선한 신이 존재하는데 악은 어떻게 있는 것일까? 세 번째로 신의 섭리와 인간의 자유가 양립할 수 있는가 하는 문제가 있다. 신이 세상을 창조하고 예정했다면 인간에게 자유는 없는 것일까? 그렇다면 인간은 꼭두각시에 불과한

존재인가? 이러한 세 가지 문제에 대해 하나씩 답을 찾아보
도록 하겠다.

신은 정말로 무엇이든 다 할 수 있을까?

그리스도교와 이슬람교와 같은 일신교의 전통에서 신의 개
념은 전능하다. 따라서 이러한 종교를 믿는 사람들 중에 어떤
사람들은 흔히 신이 마음만 먹으면 무엇이든지 할 수 있다고
생각한다. 그리하여 그들은 신은 아무리 불가능해 보이는 일
이라도 할 수 있고 또한 역사상 그러한 불가능을 가능한 일로
만들었다고 주장한다. 심지어 '2+3=5'라는 진리도 신이 마음
만 먹으면 얼마든지 '2+3=6'으로 만들 수 있다고 믿는다. 그
들은 어느 누구도 신의 능력을 의심해서는 안 된다고 말한다.
또한 그들은 신이 명령한 것은 무엇이든 이루어지고 이것들
을 기적이라고 부른다.

한편 일신교를 믿는 사람들 가운데 또 다른 사람들은 신은
정직하고 계획적이고 신뢰할 수 있기 때문에 자기가 만든 세
상의 질서를 멋대로 파괴하는 변덕스러운 짓을 결코 하지 않
을 것이라고 믿는다. 이들에게 있어 신은 폭군이 아니라 자상

하고 합리적인 아버지와 같은 분이다. 따라서 신은 자신이 만든 자연법칙을 거스르는 불가능한 일을 할 필요가 없고 또한 할 수도 없다고 말한다. 그러므로 신이 아무리 바꾸려 해도 '2+3=5'는 '2+3=6'이 될 수 없다고 주장한다.

이렇게 같은 종교를 믿는 사람 가운데도 어떤 사람들은 신의 능력이 무제한적이라고 믿는 반면, 어떤 사람들은 신이 만든 자연 질서의 신뢰성과 안정성을 강조하면서 세상에는 신도 할 수 없는 것이 있다고 말한다. 그렇다면 어떤 말이 옳은 것일까? 과연 신의 사전(辭典)에는 불가능이란 말은 정말로 없는 것일까? 만약 신이 마음대로 세상 모든 것을 바꾸고 불가능한 것들도 가능하게 만들 수 있다면 세상은 어떻게 될까? 세계의 질서는 유지될 수 있을까? 아니면 신이 만든 이 세상의 질서가 너무나 완벽해서 신 스스로도 바꿀 수 없다면, 신은 스스로 만든 질서에 의해서 제한되는 전능하지 못한 존재에 불과한 것인가?

이러한 문제들을 풀기 위해서 우선 가능과 불가능, 필연과 우연이라는 말들에 대해 살펴보기로 하자. 가능(possibility)은 신의 능력과 관련해서 '할 수 있다'는 말이고 불가능(impossibility)은 '할 수 없다'는 말이다. 즉, 신이 어떤 것을 할 수 있느냐 할 수 없느냐 하는 문제에 관한 것이다. 필연

(necessity)은 자연법칙과 관련해서 '반드시 해야 하는 것' 혹은 '반드시 되어야 하는 것'을 의미하고 우연 혹은 불확정 (contingency)은 '이래도 되고 저래도 되는 것' 혹은 '정하기 나름이지만 일단 정해지고 나면 바꿀 수 없는 것'이라는 말이다. 즉, 신이 자연법칙을 따라 어떤 것을 반드시 해야 하는가 아니면 자연법칙을 넘어서서 자유롭게 결정하고 행동할 수 있는가 하는 문제다. 가능과 불가능은 신의 능력에 관한 말들이고 필연과 우연은 자연의 결정에 관한 말이다.

신의 능력과 자연법칙의 필연성 중에서 어떤 것이 더 우세한가 하는 문제에 대해 다음과 같은 세 가지 입장이 있다. 첫째는 신의 능력은 자연법칙이 가지는 필연성을 뛰어넘는다는 입장이다. 신이 자연을 창조했기 때문에 당연히 신은 자신이 만든 질서에 구애받지 않고 무엇이든지 할 수 있다는 것이다. 이슬람과 개신교 신자들의 대부분은 전능한 신은 글자 그대로 어떠한 제약도 없이 무엇이든 할 수 있다고 믿는다. 아우구스티누스(Aurelius Augustinus, 354~430)와 오컴(William of Ockham, ?1285~?1349), 그리고 대부분의 개신교 신학자들과 철학자들의 입장이 여기에 속한다.

둘째는 아무리 신이라도 자연법칙에 따라 행동해야 한다는 것이다. 여기서 신의 가능성은 자연의 필연성의 지배를 받는다. 따라서 신도 못하는 것이 있다는 것이다. 따라서 신의 능력은 인간보다 더 뛰어날 뿐이고 전능하지 않다는 것이다. 일부 이신론자들은 이러한 주장을 채택하기도 한다. 그러나 신의 권위 자체가 훼손되기 때문에 감히 따르는 사람들이 거의 없다. 스피노자가 이에 속한다고 볼 수도 있다.

셋째는 신의 능력에는 제한이 없지만 한편으로는 전능한 신의 능력에도 불구하고 할 수 없는 것이 있다는 주장이다. 신의 능력과 자연법칙 중 어느 하나만을 택하지 않고 이 둘이 서로 조화되고 양립될 수 있다고 주장한다. 얼핏 보면 신의 전능이라는 말과 신이 할 수 없는 것이 있다는 것이 서로 모순되는 것처럼 보인다. 그러나 전능함이라는 말의 의미를 지나치게 극단적으로만 보지 않는다면 이러한 양립은 가능해진다. 이러한 조화가 어떻게 가능한지를 보기 위해 이제 중세시대의 철학자 토마스 아퀴나스가 안내하는 대로 가 보자.

신은 이 세상에서 자신이 원하는 것을 무엇이든 할 수 있다. 신의 능력은 무한하고 따라서 신은 전능하다. 만약 신이 자연의 질서와 법칙을 어기고 어떤 것을 한다면, 그 신의 행위는 그 자체로 자연법칙에서 벗어나는 것이 아니다. 왜냐하면 자연의 질서를 만드는 자는 오직 신뿐이기 때문이다. 따라서 신이 하는 일은 무엇이든지 자연적인 것이 된다. 신은 자신이 만든 자연 질서의 지배를 받지 않는다. 이것이 신의 전능함이 갖는 의미이다.

그러나 전능한 신도 할 수 없는 것이 있다. 신은 동일한 존재가 같은 장소에서 있으면서 또한 없게 할 수 없다. 신은 과거의 사건을 바꿀 수 없다. 신은 신을 만들 수 없다. 신은 죄를 지을 수 없다. 신의 의지는 바뀔 수 없다. 신은 2미터를 1미터보다 짧게 만들 수 없다. 신은 자신을 신이 아닌 다른 존재로 만들 수 없다. 이 외에도 신이 할 수 없는 것들은 많다.

신이 전능하다고 하면서 그 전능한 신도 할 수 없는 것이 어떻게 있을 수 있을까? 우리가 흔히 생각하는 전능(全能)이라는 말은 글자 그대로 능력에 아무런 제한이 없다는 것을 의미한다. 그러나 논리적으로 불가능한 것을 하는 것도 전능에 속한다고 보아야 할 것인가? 그렇다면 신은 자신을 무능한 존재로 만들 수도 있어야 할 것이다. 이 경우 우리는 그 신을 섬길 필요가 없어진다. 무능한 신을 섬긴다는 것은 제정신으로는 할 수 없는 일이기 때문이다.

전능이라는 말은 실현 가능한 모든 일을 할 수 있다는 것을 의미한다. 논리적으로 모순이 되지 않는 한 모든 것을 다 할 수 있다는 말이다. 신은 몇 초 만에 백두산을 한라산과 바꿔치기할 수 있다. 신은 날아가는 비행기가 공중에 움직이지 않고 떠 있게 할 수 있다. 신은 철수의 성적을 하루아침에 40등에서 1등으로 만들 수 있다. 그러나 신은 논리적으로 모순 되는 일을 할 수는 없다. 신은 2+3이 6이 되도록 할 수 없다. 신은 그 스스로 죽게 만들 수 없다. 왜냐하면 신은 불멸의 존재이기 때문이다. 신은 자식 없는 아버지를 만들 수 없다. 왜냐하면 자식이 없는 아버지는 이미 아버지가 아니기 때문이다. 신은 이순신 장군을 다시 살릴 수는 있지만, 지금 와서 그가 노량 대첩에서 지게 만들 수는 없다.

한 문장에서 주어와 술어가 서로 논리적으로 모순되지 않는다면 그것은 전능의 범위에 들어갈 수 있다. '소크라테스'라는 주어와 '앉다' 혹은 '서다'라는 술어는 서로 논리적으로 모순되지 않는다. 따라서 '소크라테스는 앉아 있다.'나 '소크라테스는 서 있다.'는 얼마든지 실현할 수 있는 일이다. 그러나 '인간'이라는 주어와 '당나귀'라는 술어는 서로 양립(兩立)할(모순 없이 동시에 있을) 수 없다. 따라서 '어떤 인간이 당나귀이다.'라는 말은 성립될 수 없고, 신도 그러한 당나귀 인간을 만들 수는 없는 것이다.

신이 어떤 것을 할 수 없다고 해서 신의 능력이 축소되는 것은 아니다. 신이 그런 것들을 할 수 없는 것은 신의 능력이 부족해서가 아니라 그런 것들이 자체로 말이 안 되는 것이기 때문이다. 우리는 이런 것을 어불성설(語不成說)이라고 한다. 또는 절대로 불가능한 일이라고도 한다.

오직 지성만이 어떤 행동과 그 목적 사이의 관계를 알 수 있다. 따라서 지성만이 어떤 행위의 목적을 결정할 수 있다. 행위자에는 두 종류가 있는데, 하나는 지성과 결합된 것이고 다른 하나는 지성에서 분리된 것이다. 지성과 결합된 행위자는 스스로 자신의 행위의 목적을 결정할 수 있다. 그러나 지성에서 분리된 행위자는 목적을 결정할 수 없다. 활을 쏠 때 활을 쏘는 사람과 화살 그리고 화살을 맞는 목표물이라는 세 요소들이 필요하다. 여기서 활 쏘는 사람은 지성과 결합된 행위자이기 때문에 활 쏘는 행위의 목적을 결정할 수 있다. 즉, 오늘 저녁 가족들과 함께 먹을 사슴을 잡기 위해 활을 쏠 수도 있고 왜군으로부터 우리나라를 지키기 위해 활을 쏠 수도 있다. 그러나 화살은 자신의 행위나 동작을 스스로 결정하는 것이 아니라 활 쏘는 사람에 의해 결정된다. 화살은 지성이 없기 때문에 자신의 동작의 목적을 결정할 수 없다. 그저 쏘여진 대로 날아가서 목표물을 맞힐 뿐이다.

화살을 쏘는 병사나 사냥꾼은 각각 전쟁과 사냥이라는 목적을 가지고 활 쏘는 행위를 한다. 그러나 그들은 더 궁극적인 목적을 알지 못 하는 경우가 많다. 즉, 활을 쏘는 병사에게 왜 활을 쏘는지 묻는다면 전쟁에서 승리하기 위해서라고 대답할 것이다. 그리고 아마도 왜 전쟁을 하냐고 묻는다면 적군이 쳐들어왔기 때문이라든지 조국의 독립을 위해서라고 대답할 것이다. 그러나 왜 적군이 쳐들어왔고 왜 조국이 독립해야 하는지 묻고 또 그 대답에 대한 이유를 계속 물어 간다면 아마도 결국 대답할 수 없는 질문에 이르고 말 것이다. 왜냐하면 인간은 모든 것들의 가장 처음의 원인에 대해서는 알 수 없기 때문이다. 그것은 신만이 안다. 세상 모든 것들의 최초 원인은 신이 결정하기 때문이다. 화살을 쏘는 병사가 그 화살의 목적을 결정하듯이 신은 세상 모든 것들의 원인들을 다 정해 준다. 그러므로 화살을 쏘는 병사가 화살의 동작에서 자유롭듯이 신도 세상의 모든 행위와 동작에서 자유롭다. 신은 세상에서 일어나는 모든 사건들의 목적을 결정했고 또한 그 사건들이 일어나도록 했기 때문에 세상에서 일어나는 일들을 뛰어넘어 자유롭게 결정하고 행동할 수 있다. 이것이 신의 전능이 가지는 의미이다.

그러나 위에서도 말했듯이, 신도 할 수 없는 것이 있는데 이를 어떻게 하면 더 명확하게 이해할까? 무엇을 할 수 없다는 무능력에는 두 가지 종류가 있다. 첫째는 절대적 무능력인데 이것은 어떤 행위에 꼭 필요한 원리들 가운데 하나나 그 이상이 부족한 경우이다. 동시에 긍정과 부정을 할 수 없다고 하는 논리적 불가능 같은 것이 이 경우에 속한다. 신도 이렇게 절대적으로 불가능한 것은 할 수 없다. 그렇다고 신의 전능함이 없어지는 것은 아니다. 왜냐하면 신의 능력이 다른 많은 것들에 미치기 때문이다.

둘째는 가정에 의한 무능력인데 이것은 어떤 목적을 위해 해야 하는 실제 행동에 반대되는 것을 가정했을 때 일어나는 무능력이다. 모든 의지를 가진 주체는 그 목적과 그 목적에 필요한 수단을 자연적이고 필연적으로 바란다. 신의 의지는 자연적으로 자신이 선하기를 바란다. 이것이 신의 의지의 목적이다. 그러나 세상의 모든 것들이 각각 다 신의 선함을 위해 필요한 것은 아니다. 왜냐하면 신의 선함은 다른 것들을 통해서도 얼마든지 드러날 수 있기 때문이다. 따라서 신의 의지는 다른 것들에 미칠 수 있고 신은 그가 한 것과는 다른 것들을 할 수 있다. 신이 스스로 선하기 위해서 또한 그 선함을 보이기 위해 노량 대첩에서 이순신 장군이 이기도록 했다고 볼 수 있다. 그러나 이순신 장군이 그 전투에서 반드시 이겨야만 신이 선하게 되는 것은 아니다. 권율 장군의 행주 대첩도 있었고 사명당과 다른 많은 의병들의 승리도 있었다. 이러한 많은 전투를 통해 신의 선함이 드러날 수도 있었다. 그리고 설사 임진왜란에서 조신이 졌다고 하더라도 신이 선하시지 않은 것은 아니다.

이렇게 신은 우리가 생각하는 그러한 철두철미한 의미에서 전능한 존재는 아니다. 그런데 우리는 왜 신을 전능하다고 부르는가? 그것은 신의 능력이 정말로 무제한이어서가 아니다. 앞서 보았듯이 신도 못하는 것이 많다. 또한 그것은 신의 능력이 무조건적으로 완벽해서도 아니다. 그리고 신은 그가 원하는 것을 무엇이든지 다 할 수 있어서도 아니다. 아들 없는 아버지 같이 논리적으로 불가능한 것은 그 자체로 불가능한 것이다. 따라서 이러한 예들이 신의 전능을 부정하지는 못 한다. 그것은 신이 아니라 누구라도 못하기 때문이다. 설사 신보다 더 능력 있는 자가 있다고 하더라도.

신이 선한데도 악이 존재할 수 있을까?

신은 세상에서 가장 선한 존재이다. 아무리 착한 사람도 신처럼 착할 수는 없다. 그런데 신은 홍수, 해일, 산불과 같은 자연적 재앙을 내리기도 한다. 쓰나미와 같은 해일은 한순간에 죄 없는 사람들의 생명을 앗아 갔다. 신이 만든 자연의 힘에 의해 엄청나게 많은 사람들이 죽었다. 우리는 해일이나 홍수와 같은 재해나 갑작스러운 사고로 많은 사람들이 희생되거나 악한 사람뿐 아니라 착한 사람까지도 죄 없이 죽는 것을 보게 되면 신이 정말로 있을까 하는 의심을 하기도 한다. 참으로 착한 사람에게 좋지 않은 일만 닥치는 것을 보면서도 "하늘도 무심하시지."라고 한탄하기도 한다. 신은 또한 수십 명의 무고한 생명들을 죽인 연쇄 살인범이 그렇게 극악무도한 짓을 벌이는 동안 왜 아무런 조치도 취하지 않았을까? 우리는 가끔 아주 몹쓸 사람을 볼 때 "하느님은 무얼 하는지 몰라, 저런 사람 데려가지 않고."라고 말하곤 한다. 이렇게 전능하고 선한 신이 있는데도 왜 부조리한 현상들과 악한 사람들이 존재하는 걸까? 악의 존재를 보고만 있는 선하고 전능한 신은 정말로 신으로서 자격이 있는 것일까?

18세기 영국의 철학자 데이비드 흄(David Hume, 1711~1776)은 고대의 철학자 에피쿠로스(Epicurus, B.C.341~B.C.270)가 던진 질문이 아직 해결되지 않았다고 하면서 그 질문을 다음과 같이 소개했다.

신은 악을 막으려고 하지만 그럴 능력이 없는가? 그렇다면 그는 무능하다. 신은 악을 막을 능력이 있지만 막는 것을 원하

지 않는가? 그렇다면 그는 선하지 않다. 신은 악을 막을 능력
도 있고 선한가? 그렇다면 악은 어디로부터 오는가?

위에서 보았듯이 신이 전능하다는 것은 신이 논리적으로
가능한 무슨 일이든지 할 수 있다는 것이다. 따라서 신은 지
금이라도 세계 제3차 대전을 일으켜 전 세계 사람들을 한순
간에 다 죽일 수도 있고 나쁜 사람은 살려 두고 착한 사람만
골라 지옥으로 데려갈 수도 있다. 신은 마음만 먹으면 어떠
한 나쁜 짓도 할 수 있다. 그런데 우리는 신이 가장 선한 존재
라고 믿는다. 그리고 선한 존재는 나쁜 짓을 하지 않는다. 이
렇게 되면 신이 선하다는 사실은 신이 무엇이든 할 수 있다는
전능함을 제약한다. 즉, 신이 선하기 때문에 나쁜 짓을 할 수
있어도 못하는 것이다. 그리고 그렇다면 신은 선하기 때문에
전능하지 못하게 된다. 따라서 우리는 선한 신과 전능한 신
중에서 하나만을 선택해야 하고 착하고 전능한 신은 상상도
할 수 없게 된다.

그런데 이렇게 생각하는 것이 과연 맞는 것일까? 선하기는
하지만 전능하지 않은 신을 섬길 사람이 과연 있을까? 또한
전능하기는 하지만 선하지는 않은 신을 두려워하면서 섬기
는 척할 수는 있지만 진심으로 사랑할 수는 없을 것이다. 마

치 포악한 깡패 앞에서 겁에 질려 시키는 대로 할 수는 있지만 그 깡패를 존경하고 따를 수는 없는 것처럼. 아마 우리 대부분이 마음속에 품고 있는 신에 대한 생각은 전능하면서도 선한 신일 것이다. 그런데 우리가 대부분 생각하는 선하고 전능한 신이라는 관념이 왜, 그리고 어떻게 논리적으로 맞지 않는 것일까? 우리는 신에 대해서 말도 안 되는 생각을 하고 있는 것일까?

신은 분명 선하고 또한 전능하다. 그래야 섬김을 받을 만한 존재가 된다. 그렇다면 위에서 보았듯이 신의 선함과 신의 전능이 서로 논리적으로 모순되는 것처럼 보이는 것은 어떻게 이해해야 하는가? 그것은 '못한다'와 '안 한다'를 구별하지 않았기 때문이다. '못한다'는 능력에 관한 것이지만 '안 한다'는 의지에 관한 것이다. 우리는 거짓말을 할 능력도 있고 도둑질, 살인 등 얼마든지 나쁜 짓을 할 능력이 있다. 그렇지만 우리는 나쁜 짓을 하지 않는다. 왜냐하면 우리는 선과 악을 분별하고 선을 택하기 때문이다. 따라서 우리는 나쁜 짓을 못하는 것이 아니라 안 하는 것이다. 우리가 도둑질, 살인과 같은 나쁜 짓을 하지 않는다고 해서 무능한 사람이라고 할 수 없다. 신도 마찬가지이다. 신이 제3차 대전을 일으켜서 온 세상 사람들을 전부 죽이지 않는다고 해서 무능한 신이 되는 것은 아니다. 신은 나쁜 짓을 못하는 것이 아니라 안 하는 것이다.

　그러나 어떤 의미에서는 신은 나쁜 짓을 할 수 없다. 신은 자연 만물을 만들고 질서를 부여했다. 따라서 만유인력의 법칙, 질량 보존의 법칙 등 모든 자연법칙들을 만들었다. 따라서 신은 이런 자연법칙들을 어길 수 없다. 왜냐하면 신이 그것들을 어길 경우 이미 그 자연법칙들은 폐기 처분되고 다른 것으로 대체되기 때문이다. 마찬가지로 신이 나쁜 짓을 한다면 그것은 이미 나쁜 짓이 아니다. 왜냐하면 선과 악의 기준을 바로 신이 만들기 때문이다. 이런 의미에서 신은 결코 나쁜 짓을 저지를 수 없다. 왜냐하면 어떤 행동이건 신이 하면 이미 나쁜 행동이 아니기 때문이다. 따라서 신은 어떤 경우에도 나쁜 짓을 할 수 없다.

　신의 전능함과 선함이 서로 모순이 없고 따라서 전능하고 선한 신은 죄에서 자유롭다는 것을 알았다. 그런데 여전히 의문으로 남는 것이 있다. 전능하고 선한 신이 있는데도 왜 세상에는 악이 있는가? 우리가 어릴 적 본 만화 영화에는 착하고 힘센 주인공이 악의 무리를 물리치고 정의를 회복하는 이야기가 많았다. 우리는 신이 분명 만화 영화의 주인공보다 더 힘세고 착한 분이라고 믿는다. 그런데 왜 세상에는 만화 영화의 악당들보다 더 나쁜 사람들이 있는 것일까? 역사상 많은 철학자들과 신학자들은 이에 대해 여러 가지 대답을 시도했다. 여기서는 중요한 몇 가지만 살펴보기로 한다.

첫째 조너선 에드워즈(Jonathan Edwards, 1703~1758)는 악이 더 큰 선을 위해서 있어야 한다고 주장한다. 예를 들어 고통은 나쁜 것이고 악이다. 그러나 치료를 위해 고통을 감수해야 할 때가 있다. 또는 예쁜 아이를 낳기 위해 산모가 겪는 고통은 더 큰 선과 행복을 위해 필요한 것이다. 마찬가지로 신도 그가 계획하는 더 큰 선을 위해 악을 하나의 방편으로 사용한다. 비록 우리 인간들은 그 신의 계획을 다 이해할 수는 없을지 몰라도 말이다. 사실 인간의 머리는 한계가 있어서 신의 무한한 지혜를 완전히 이해할 수 없다.

둘째로 선이 있으면 악도 있어야 한다고 주장하는 사람들이 있다. 조로아스터교와 마니교에서는 선한 신과 악한 신의 두 신들이 서로 투쟁하는 것이 세상이라고 생각하였다. 동양 사상의 음과 양처럼 선과 악은 항상 같이 붙어 다니는 한 짝으로 생각되었다. 용서라는 미덕이 있으려면 용서받을 나쁜 행동이나 나쁜 사람이 있어야 한다. 용기 있는 사람이 있으려면 그 용기 있는 사람에 의해 물리쳐지는 적들이 있어야 하고, 남을 가엾게 여기고 도와주는 선한 사람이 있으려면 그 도움을 받는 불쌍한 사람이 있어야 한다. 마치 영화 속 주인공의 행동이 더 착하고 아름답게 보이려면 악역을 맡은 사람이 더욱 모질게 연기해야 하는 것처럼 어둠이 있어야 밝은 곳이 더 확실하게 보인다.

그런데 여기서 문제는 악의 세력과 싸우는 선한 세력의 우두머리인 신은 악을 완전히 제압할 수 없는 불완전한 신이라는 것이다. 만약 그 신이 무엇이든지 다 할 수 있다면 그는 이미 모든 악을 다 제거했어야만 한다. 그러나 여전히 악은 존재한다. 따라서 이 대답은 악이 왜 있을 수 있는지에 대한 완전한 대답이 될 수 없다.

셋째로 악은 어떤 적극적인 것이 아니라 결여라는 주장이 있다. 중세의 신학자이자 철학자인 아우구스티누스와 아퀴나스는 악이란 선이 있지 않는 상태라고 주장한다. 병은 건강이 없는 상태인 것처럼 악도 선이 없는 상태라고 했다. 그러나 악은 부재(不在), 즉 있지 않는 것을 의미하지는 않는다. 악은 선이 없다는 것을 의미한다. 그러나 선이 없다고 해서 다 악은 아니다. 인간이 코뿔소의 힘이나 치타의 속도를 가지지 못한다고 해서 악한 것은 아니기 때문이다. 원래 있어야 할 것이 없는 것이 악이다. 그런데 이것이 무슨 말인가?

아퀴나스에 따르면 세상에 있는 모든 것들은 자신이 이루어야 할 목적을 가지고 태어났고 항상 그 목적을 완성하기 위해 존재한다. 병아리는 닭이 되기 위해 태어나고 계속 자란다. 올챙이는 개구리가 되기 위해, 애벌레는 나비가 되기 위해 태어나고 자란다. 식물이나 다른 모든 무생물도 각각 자신의 목적에 따라 신에 의해 창조되었고 그 목적을 달성하는 과정에 있다. 그리고 가장 완전하고 선한 단계는 자신의 존재의 의미를 완성하는 단계이다.

신은 최고로 선한 존재이다. 세상에 있는 모든 것들은 선한 신이 창조하고 그 목적을 부여한 것이다. 따라서 세상에 있는 모든 것들은 신이 부여한 목적을 달성하는 한 선하고 아름답다. 그러나 그 목적을 벗어나 다른 짓을 할 때 선한 것이 결여되는 것이다. 이것이 악이다. 올챙이가 개구리가 되려 하지 않고 황소가 되려 한다면 그것은 신이 부여한 존재의 의미를 망각한 것이고 선이 없는 것이다. 이것이 선의 결여 즉, 악이다. 악은 아무것도 없는 상태를 말하는 것이 아니라 존재하고 있는 것이 원래의 존재의 의미에 맞는 행동을 하지 못하는 것을 말한다. 즉 완전성이 결여된 상태를 말하는 것이다.

악마나 사탄은 실제로 존재한다. 악마와 사탄은 인간들에게 갖가지 사악한 행동을 하라고 유혹한다. 자신이 마땅히 해야 할 일을 하지 않는 것이 악이기 때문에 학생이 공부를 게을리 한다거나 군인이 전쟁터에서 비겁하게 물러서는 것은 악이다. 사탄은 달콤한 컴퓨터 게임으로도 친구와의 잡담으로도 유혹할 수 있다. 그런데 세상에서 가장 강한 능력을 가진 신이 왜 이러한 사탄과 악마를 살려 두었고 그들의 활동을 허용하는지 궁금하지 않을 수 없다. 여기에 대해서는 결정론과 자유의지에 관한 문제를 통해 살펴보자.

신이 이미 모든 것을 결정했는데도 우리는 자유롭게 선택할 수 있을까?

어떤 사람들은 자신의 운명을 미리 알고 싶어 한다. 그래서 그들은 전문적으로 점을 치는 사람들에게 가서 자신의 미래에 대해 물어보곤 한다. 사주와 궁합, 신 내린 점, 기독교의 예언, 서양식 타로점등 많은 방식의 운명 예측법들이 있다. 그런데 용한 점쟁이나 예언가들의 말대로 한 인간의 운명이 정해져 있어서 그 운명대로 살아야 하는 걸까? 아니면 우리가 그러한 운명을 벗어나서 우리의 의지대로 자신의 인생을 만들어 갈 수 있을까?

만약 전능한 신이 있고 그 신이 어떤 계획을 가지고 이 세상을 창조했다고 생각해 보자. 이때 신의 계획을 섭리

(providence) 혹은 예정(predestination)이라고 부른다. 이는 세상에 있는 모든 것들의 방향과 운명이 미리 결정되어졌다는 의미이다. 그런데 우리는 인간이 모두 태어날 때부터 자유롭고 자신의 인생을 스스로 결정하고 살 권리가 있다고 믿고 있다. 만약 그렇지 않은 사람이 있다면 그 사람은 자유로운 인간이 아니고 노예나 기계에 불과할 것이다. 여기서 다음과 같은 중대한 문제가 생긴다. '전능한 신이 계획하고 결정한 세계 안에 사는 인간이 어떻게 신의 예정에서 자유로울 수 있을까?' 또 '모든 것을 다 아는 신이 계획을 가지고 만든 인간이 그 계획에서 벗어나서 자신의 의지대로 자유롭게 결정할 수 있을까?' 하는 문제이다.

중세 초기에 아우구스티누스와 펠라기우스(Pelagius, ?354~?420)는 서로 이 문제에 대해 논쟁했다. 펠라기우스는 비결정론의 입장에 서서 인간은 원래 착하게 태어났고 따라서 아기는 죄가 없기 때문에 천국에 갈 수 있다고 주장했다. 인간은 자신의 자유로운 의지로 좋은 행동을 할지 나쁜 행동을 할지 결정한다. 인간은 스스로 구원할 수 있고 신은 그저 도와줄 뿐이다. 다만 그 자유로운 선택에 대한 책임은 철저하게 져야 한다. 즉, 살면서 나쁜 행동을 한 사람은 죽은 후에 지옥으로 떨어져 영원한 고통을 겪어야 하지만 좋은 행동을 한 사람은 천국에 가서 행복한 나날들을 보낼 것이다. 따라서 펠라기우스의 입장에서는 인간의 자율성은 보장되고 신의 은총은 별로 필요 없게 된다.

반면 아우구스티누스는 결정론의 입장에 서서 인간은 태어날 때부터 죄인이라고 주장했다. 갓 태어난 아기가 비록 스스로 어떠한 죄도 짓지 않은 순수한 모습으로 보일지라도 인류 최초의 조상인 아담과 하와가 지은 죄 때문에 그 모든 자손들은 태어날 때부터 죄인이다. 이것이 원죄(original sin)이다. 따라서 인간은 자꾸 죄를 짓게 되는 경향이 있고 죄를 지을 자유만 있다. 그래서 우리 인간들은 스스로 구원할 방법이 없다. 다만 인간들의 죄를 대신해 예수가 속죄했기 때문에 구원을 받고 천국에 갈 수 있다는 것이다. 이렇게 죄 많은 인간들을 구원하기 위해 신이 용서하고 받아들이는 것은 은혜 혹은 은총(grace)이라고 한다.

결정론(determinism)이란 세상의 모든 사건들이 이미 결정되어 있다는 이론이다. 이 이론을 받아들이는 사람들은 세상의 모든 사건들은 신이 세상을 창조할 때 이미 결정되었다고 주장한다. 정통 이슬람교도들과 아우구스티누스를 비롯한 많은 가톨릭 신학자들, 그리고 칼뱅과 장로교의 전통은 이러한 결정론을 받아들인다. 그리하여 이들은 인간이 태어나기 전부터 죽은 후에 천국에 갈지 지옥에 떨어질지 이미 결정되어 있다고 믿는다. 우리의 운명과 삶의 방향이 처음부터 정해져 있다는 말이다.

결정론의 문제는 우리 행위의 결과와 운명을 신이 이미 결정했기 때문에 우리는 우리 행위에 대해 책임질 필요가 없다는 주장이 가능하다는 것이다. 왜냐하면 책임이란 아무런 강요도 없이 자신의 행동의 결과에 대해 미리 알고 자유롭게 결정한 것에 대해서만 지는 것이기 때문이다. 그리스의 철학자 아리스토텔레스는 도덕적으로 자발적인 행동이 되려면 강요되지 않고 자신의 행위가 어떤 것인지 알고 해야 한다고 말했다. 따라서 우리의 행동이 신에 의해 이미 정해졌다면 우리가 어떤 짓을 하건 우리의 책임이 될 수 없다. 왜냐하면 우리의 행동은 사실 우리가 결정하는 것이 아니라 신이 결정하는 것이고 우리는 그저 정해진 것들을 실행만 하기 때문이다. 칼로 사람을 죽였을 때 찌른 사람은 책임이 있지만 칼은 죄가 없는 것과 마찬가지이다.

성서는 결정론에 대해 다음과 같은 비유를 통해 설명하기도 한다. 옹기를 만드는 옹기장이는 자신이 만든 각각의 옹기의 쓸모를 정한다. 옹기는 자신의 용도가 밥을 담는 데 쓰일지 장을 담는 데 쓰일지 관여할 수 없다. 그저 옹기장이가 정하는 대로 밥이든 장이든 담아야 한다. 그렇지 않으면 쓸모가 없어지기 때문에 당장 깨어져서 버려질 것이다. 따라서 인간은 신이 결정한 운명대로 살아야 하고 만약 이를 어기고 엉뚱한 방향으로 나갈 때에는 가혹한 심판을 감수해야 한다는 것이다. 그런데 이러한 비유에 대해 다음과 같이 반박할 수도 있을 것이다. 우리 인간이 단지 옹기처럼 수동적인 존재에 불과한가? 인간은 아무런 자유 없이 그저 신이 정해 준 대로 살아가야만 하는가? 그렇다면 인간은 인형극에 나오는 꼭두각시 인형과 무엇이 다른가?

사실 대부분의 결정론자들은 세상 모든 사건들이 처음부터 철두철미하게 계획되었고 인간은 어떠한 결정을 할 자유도 없다고 주장하는 강한 입장을 취하지는 않는다. 우리의 삶의 전체적인 설계도는 미리 작성되었지만 구체적이고 자세한 부분 모두 정해진 것은 아니라고 말한다. 이러한 점에서 대부분의 결정론자들은 인간 개인의 자유로운 의지와 결정을 인정하고 있고 따라서 극단적 결정론자들은 거의 없다.

반면 **자유의지론** 혹은 비결정론이란 인간은 자신의 운명을 스스로 결정할 자유를 가지고 태어났다는 믿음이다. 신은 물론 인간과 세상 모든 것들을 창조했지만 인간들 각자가 어떻게 살아갈지는 정해 놓지 않고 인간 스스로에게 맡겨 놓았다는 것이다. 따라서 인간은 처음에 하얀 백지 상태에서 태어났고 그 위에다 자기 마음대로 그림을 그릴 수 있다. 밑그림뿐 아니라 색칠까지도 자기 스스로 할 수 있는 것이다. 이렇게 자기 자신의 운명을 결정할 능력을 자유의지(free will)라고 부른다.

신은 인간을 세상에서 가장 뛰어난 존재로 창조했기 때문에 인간은 다른 존재들이 가지지 못한 특별한 능력을 가진다. 무생물들은 자연법칙에 따라 움직인다. 물은 높은 곳에서 낮은 곳으로 흐르고 바람은 고기압 지대에서 저기압 지대로 분다. 식물과 동물은 본능에 따라 산다. 나무와 풀은 열심히 광합성 작용을 하며 산소를 만들고 열매를 맺는다. 토끼와 소는 열심히 풀을 뜯어 먹고, 사자와 호랑이는 배를 채우기 위해 사슴이나 얼룩말을 사냥한다. 물론 인간들도 본능에서 완전히 자유로울 수는 없다. 먹고 마시고 숨을 쉬며 아이를 낳고 기르는 본능에 있어서 인간은 다른 동물들과 비슷하다. 그러나 인간은 그러한 본능만으로 살아가지는 않는다. 인간은 청각, 시각, 후각, 미각, 촉각을 가지고 있을 뿐 아니라 사고할 수 있다. 외출할 때 청바지에 면 티를 입을 수도 있지만 블라우스와 주름치마를 입을 수도 있다. 무엇이 어울릴지 판단하는 것은 자기 자신이다. 시험 공부를 할 때 영어를 먼저하고 과학을 할 수도 있지만 과학을 먼저하고 영어를 할 수도 있다. 아니면 아예 둘 다 안하고 잠만 잘 수도 있다. 이 모든 것을 결정하는 것이 자기 자신에 달려 있다. 선생님이나 부모님이 아무리 잔소리를 하셔도 내가 하려고 하지 않으면 아무 소용없다.

그런데 인간은 자유의지를 가지고 자신의 인생을 결정하기 때문에 자신이 결정한 것들에 대해 책임을 져야 한다. 겨울 외투에 반바지 그리고 빨간 양말과 같이 어울리지 않은 옷을 입고 외출하는 것은 자유이지만 주위의 따가운 시선은 감수해야 할 것이다. 시험 공부를 전혀 하지 않고 잠만 자는 것은 자유겠지만 형편없는 성적표나 입학시험에서의 낙방은 피하기 힘들 것이다. 평생을 신의 뜻에 따라 착하게 살고 남을 위해 봉사하면서 산 사람들은 천국에서도 가장 좋은 자리를 차지하겠지만 항상 남을 괴롭히면서 산 사람들은 지옥에서도 가장 견디기 힘든 형벌을 감당해야 할 것이다. 이렇게 자신이 결정한 인생의 행로에 대해 책임을 진다는 점에서 그리고 또한 인간의 자유를 확보해 준다는 점에서 자유의지론은 많은 사람들에게 매력적이다. 그러나 자유의지론 또한 나름대로의 문제점을 가지고 있다. 그것은 신의 체면을 여지없이 구긴다는 점이다. 인간의 의지대로 무엇이든 선택하고 행동할 수 있다면 신이 있어야 할 의미가 없어지게 된다. 자신의 행위에 대해 책임을 지기만 하면 되기 때문에 인간은 신에게 용서를 빌 필요가 없다. 따라서 이 경우 신은 세상을 만들기만 할 뿐 다스릴 능력이 없는 무능한 존재가 되고 만다.

따라서 결정론과 자유의지론이 각각 문제가 있다는 점이 드러났다. 따라서 이러한 두 입장을 종합하려는 노력이 시작되었는데 그것이 바로 **양립주의**(compatibilism)이다. 그들은 신의 계획과 결정에도 불구하고 인간에게는 자유롭게 선택할 권리가 주어졌다고 본다. 세상에서 벌어지는 일들은 신이 계획하고 결정하지만 그럼에도 인간들은 스스로의 운명을 선택할 자유가 있다는 것이다.

이러한 양립이 어떻게 가능할까? 다음과 같은 세 가지 모델이 있을 수 있다. 첫째, 신은 모든 사건들을 미리 다 계획해 놓았지만 인간은 그 사실을 까맣게 모르는 채로 스스로 결정하는 것으로 착각할 뿐이라고 생각하는 경우이다. 세상의 모든 사건들과 인간의 모든 행위들은 전부 신에 의해 철저하게 결정되었다. 다만 인간이 이를 눈치 채지 못할 뿐이다. 이 경우 실제로는 결정론이 맞지만 인간의 마음속에서만 자유의지론이 성립될 뿐이다. 점괘를 모르는 사람들은 미래와 운명을 모르기 때문에 자유롭게 살아가는 것으로 생각한다. 그러나 점을 통해 자신의 운명을 미리 엿본 사람들은 벗어나려고 버둥거려 봐야 소용없다는 것을 알고 운명에 맡겨 산다. 삼장 법사에게서 벗어난 손오공은 구름을 타고 멀리까지 가서 커다란 봉우리에 실례를 한다. 그러나 알고 보니 그 봉오리는 삼장 법사의 손가락이었다. 그래서 '부처님 손바닥'이라는 말이 생겨났다. 인간이 아무리 멋대로 행동해도 결국 신의 지혜와 능력 아래 있다. 그러나 이 모델에서는 인간의 자유는 착각에 불과하고 신이 모든 것을 결정하기 때문에 결정론과 다를 것이 별로 없게 된다.

둘째, 신은 인간에게 많은 자유를 허락했고, 인간은 실제로 많은 것들을 결정할 자유가 있고 또 그렇게 결정한다. 그러나 그렇게 자유롭게 결정된 사건들이 쌓이고 쌓여서 진행되는 시간과 역사는 결국 신의 계획대로 된다는 것이다. 즉 커다란 틀은 신이 만들고 인간은 세부적인 사항들을 결정한다는 일종의 신과 인간의 합작품이라는 것이다. 그런데 여기서 어디까지가 신의 영역이고 어디까지가 인간의 영역인지 결정할 기준이 모호하다는 문제가 생긴다. 즉, 커다란 틀과 세부적인 사항들을 어떻게 명확히 나눌지 누가 어떻게 결정하느냐 하는 문제를 해결하기가 곤란하다는 것이다.

셋째, 신이 정한 것은 여러 가능성일 뿐이고 인간은 그 가능성들 중에서 스스로의 의지로 선택하는 경우이다. 신은 마치 객관식 문제들을 출제하는 선생님과 같은 분이다. 그리고 인간은 그 문제들을 푸는 학생과 같은 존재이다. 인간은 모든 행동에 있어 신이 제시한 여러 가지 가능성 중에서 자신이 원하는 것을 선택한다. 그러나 신이 제시한 것 외에는 선택할 자유가 없다. 이러한 점에서 인간의 자유는 제한된 자유에 불과하다.

위에서 우리는 결정론과 자유의지론, 그리고 이 두 가지를 조화시키려는 양립주의를 살펴보았다. 결정론은 신의 예정과 운명을 중요시하고, 자유의지론은 인간의 자유로운 선택을 선호한다. 그리고 양립주의는 이 두 가지를 다 존중하는 입장이다. 그렇다면 당신은 신의 예정과 인간의 자유 중에서 어느 쪽을 더 선호하는가? 신의 예정을 더 좋아한다면 당신은 아마도 운명론자에 가까울 것이고 인간의 자유로운 선택을 선호한다면 자유의지론자라고 불려야 마땅할 것이다. 그리고 이 두 가지가 다 옳다고 본다면 양립주의자가 될 것이다.

이러한 의미에서 로마의 철학자이자 문학가였던 세네카(Seneca, ?B.C.4~A.D.65)의 말은 우리가 신과 운명을 어떻게 받아들여야 하는가를 잘 말해 주고 있다.

"운명은 이를 기꺼이 받아들이는 자는 태우고 가고 이를 거역하는 자는 억지로 끌고 간다.(Ducunt volentem fata nonlentem trahunt)"

이 말을 운명에 무조건 복종하라는 의미로 받아들이면 곤란하다. 여기서 '기꺼이 받아들인다'는 말은 인간 스스로 극복할 수 없는 불가항력적인 흐름이 있다는 것을 인식하고 이를 지혜롭게 이용한다는 의미로 보아야 할 것이다. 자신의 인생과 인류의 역사가 흘러가는 방향을 있는 그대로 감지하고 그 흐름을 타고 가야 한다. 반면 '거역한다'는 말은 이러한 흐름에 눈감아 버리고 그저 자신이 하려고 하는 대로만 행동하는 것이다. 이는 무모하고 위험하기까지 하다.

어떤 사람이 돛단배를 타고 남쪽으로 가려고 한다. 그런데 마파람이 불고 있다. 다급해진 그 사람은 돛은 그대로 놓아둔 채로 노만 더 열심히 저으면 목적지에 도달할 수 있을 것이라고 생각한다. 어리석은 생각이다. 펼쳐진 돛은 배를 오히려 더 반대쪽으로 밀 것이다. 불리한 환경 속에서 무리하게 운항하기보다는 바람의 방향이 언제 바뀔지를 예측하고 때를 기다리는 것이 더 지혜롭다. 정 급하다면 돛을 이용해 지그재그로 조금씩 갈 수 있다. 우리에게 운명은 객관적인 외부적 환경을 의미한다. 인간은 이러한 환경의 노예가 되어서도 안 되지만 환경을 무시해서도 안 된다. 그 환경의 힘을 있는 그대로 이해하고 주체적으로 이용하는 자세가 바람직하다고 할 것이다.

4

죽은 다음의
세계는 있을까?

- 죽음 이후의 세계가 존재할까?
- 종교에서는 죽음 이후의 세계를 어떻게 말할까?

죽음 이후의 세계가 존재할까?

  우리 인간은 누구나 죽을 수밖에 없다. 따라서 죽음과 관련해서 다음과 같은 질문들을 하곤 한다. 죽는다는 것은 어떤 의미를 가지는가? 우리의 모든 것들은 죽음과 동시에 다 사라져 버리는가? 아니면 육체는 죽더라도 영혼은 살아 천국 혹은 지옥으로 가는가? 과연 저승사자는 우리를 염라대왕에게로 안내하는가? 귀신을 보았다고 하는 사람도 있는데 과연 귀신은 정말 있을까? 죽었다가 다시 태어나는 일은 가능한가? 전생에 나는 어떤 사람이었고 다음 세상에서 나는 사랑하는 사람을 다시 만날 수 있을까? 나는 죽은 후에도 계속 나로 있을 수 있을까? 죽은 후에 나는 이승에서의 나에 대한 기억을 할 수 있을까?

사실 이 책에서 이 모든 문제들에 답하는 것은 애초부터 불가능할 것 같다. 다만 여기서 다룰 수 있는 것은 죽은 후의 세계가 있을까 하는 문제와 그러한 세계가 있다면 우리는 그 세계에 어떠한 모습으로 들어가는가 하는 문제이다. 우선 첫 번째 문제인 죽은 후의 세계가 존재하는가 하는 문제를 영혼의 불멸과 관련해서 증명하려는 시도를 살펴보자.

 플라톤(Platon, ?B.C.428~?B.C.347)은 영혼이 불멸한다는 것을 논증한 최초의 철학자로 보인다. 그는 이 세상을 이데아계와 현상계로 나누었다. 이데아계는 변하지 않고 영원한 보편적인 세계인 반면 현상계는 우리의 눈에 보이는 대로 변화하고 느껴지는 감성적인 세계이다. 영혼은 이데아계에 속하고 육체는 현상계에 속하는데 그 이유는 다음과 같다. 파괴라는 것은 여러 종류들이 모여 만든 복합적인 것들이 분해되는 것을 의미한다. 예를 들어 건물은 철근과 벽돌과 시멘트, 목재 등이 모여 이루어진 것이다. 건물이 허물어진다는 것은 이러한 재료들이 분해되는 것을 말한다. 죽은 후에 동식물과 인간의 육체도 분해된다. 따라서 육체는 영원히 지속될 수 없다. 그런데 영혼은 한 종류만으로 이루어져 있다. 따라서 영혼은 분해될 수 없고 파괴될 수 없다. 그러므로 영혼은 죽지 않고 영원히 지속된다. 인간이 영혼과 육체로 이루어져 있다는 이원론과 육체는 죽으면 없어지지만 영혼은 불멸한다는 생각은 중세 시대를 거쳐 근대에도 이어졌다. 그리하여 인간이 태어날 때 육체는 어머니의 배 속에서 만들어지지만 영혼은 신이 불어넣어 준다고 믿었다. 육체는 껍데기에 불과한 것으로 여겨지기도 했다.

아퀴나스는 행복이라는 개념에 의존해서 내세와 영혼의 불멸을 증명한다. 인간은 행복이라는 궁극적 목적을 위해 태어났다. 그런데 우리의 의지와 지식과 능력은 불완전하기 때문에 이승에서 이 행복을 완전히 성취할 수 없다. 그런데 신이 불가능한 목적을 인간들에게 주었을 리가 없다. 따라서 죽은 다음에도 살아남아서 행복을 성취해야 한다. 따라서 내세는 있어야 하고 영혼은 영원히 살아야 한다.

칸트(Immanuel Kant, 1724~1804)는 전혀 다른 각도에서 영혼이란 문제를 다루었다. 그는 인간이 도덕적이기 위해서는 반드시 영혼이 죽지 않고 영원히 지속되어야 한다고 주장했다. 우리는 도덕적으로 살아야 할 의무를 가지는데 이러한 도덕의 완성은 불완전한 이승에서는 이루어질 수 없다. 왜냐하면 욕망과 쾌락의 유혹, 고통을 피하려는 본능, 그리고 갖가지 편견 때문이다. 따라서 죽은 후에도 나라는 존재가 남아 계속 도덕성을 완성시켜가야 한다. 따라서 우리 인간의 영혼은 영원해야 한다. 이것이 영혼 불멸의 요청이다.

만약에 죽음 뒤에 아무것도 남지 않고 영혼까지도 다 없어져 버린다면 아무도 착하게 살려고 하지 않을 것이다. 죽은 다음에 천국에서의 보상이나 지옥에서의 형벌이 없다면 정직하고 다른 사람들에게 착한 일을 하면서 사는 것이 나에게 아무런 도움이 되지 못하기 때문이다. 인도의 여러 종교들과 불교에서는 업 혹은 인과응보라는 말로 이를 설명한다. 이승에서 자신이 베푼 선은 다음 세상에서 행운으로 돌아오고 실수나 잘못은 불행한 일로 돌아온다는 것이다. 그래서 이러한 종교를 믿는 사람들은 항상 자신뿐 아니라 남에게도 선을 베풀려고 노력한다.

맥타가트(McTaggart, 1866~1925)는 다음과 같이 영혼의 불멸을 논증한다. 영혼이 파괴될 수 있는 방법에는 두 가지가 있다. 하나는 완전히 없어져서 무(無)가 되는 것이고 다른 하나는 자신이라는 전체에서 떨어져 나오는 것이다. 그런데 세상에 어떠한 것도 완전한 무로 없어져 버리는 것은 없다. 사라지는 것처럼 보이는 것들도 사실은 다른 것으로 변할 뿐이다. 물이 끓으면 없어져 버리는 것 같지만 사실은 수증기로 변하는 것이고 원자 폭탄이 터지면 그 안에 있던 우라늄이 없어지는 것 같지만 사실은 에너지로 변하는 것이다. 따라서 영혼은 완전히 사라져 버릴 수 없다. 또한 신장과 팔과 다리와 같은 신체 기관을 이식받아도 나는 계속 나일 수 있지만, 내 머릿속에 있는 모든 생각과 감정을 다른 사람과 바꾼다면 나의 육체는 이미 내가 아니다. 따라서 영혼은 나와 결코 분리될 수 없다.

이제 두 번째 문제에 대해 생각해 보기로 하자. 내세는 어떠한 곳이며 우리는 어떠한 모습으로 내세에 들어가는가? 위에서 본 것과 같이 영혼의 불멸에 대해 여러 가지로 증명하려고 한 것은 누구나 자신뿐 아니라 사랑하는 사람들이 영원히 살았으면 좋겠다는 염원이 있기 때문일 것이다. 오래전부터 사람들은 비록 육체는 죽어 없어지지만 영혼만은 끝까지 살아남는다고 믿었다. 그래서 이집트인들은 미라를 만들었고 우리 민족은 조상들에 대해 제사를 지내 왔다.

그런데 죽지 않고 계속 산다는 것은 과연 어떤 의미일까? 이순신 장군이나 김구 선생이 우리의 마음속에 길이 남아 있듯이 기억에 의해 영원히 죽지 않을 수도 있고, 죽은 다음에 우리 영혼이 신이나 영원한 존재와 결합되어 영원히 살아남을 수도 있다. 그러나 흔히 영혼의 불멸이라고 말할 때는 한 사람이 인격적으로 계속 같은 사람으로 남아 있는 것을 의미한다. 그런데 같은 사람으로 계속 남아 있는다는 말이 과연 어떤 의미일까? 그것은 나만이 가질 수 있는 감정, 의식, 믿음, 기억, 지식이 있다는 의미이다. 이것을 자의식이라고 부른다. 언제 어디서나 내가 나를 나라고 인식하고 다른 사람들과 구분 지을 수 있는 능력이 바로 자의식(self-consciousness)이다. 이것은 자기가 자기임을 안다는 점에서 자기 동일성(self-identity)을 깨닫고 유지하는 능력이라고도 할 수 있다.

나의 정신과 영혼은 육체라는 옷을 입고 살아간다. 그런데 내가 죽는 그 순간에 나의 정신과 영혼은 나를 떠나 다른 곳으로 간다. 그 다른 세상에서 다시 다른 육체의 옷을 입고 태어날 수도 있고 영혼만으로 있을 수도 있다. 다른 육체를 입고 태어나는 경우를 환생 혹은 부활이라고 부르고 이렇게 계속 환생하는 것을 윤회라고 한다. 그리고 영혼만으로 남아 있는 경우를 귀신이라고 부른다. 아니면 육체 없이 영혼으로만 천국 혹은 지옥으로 간다고 생각할 수도 있다. 그렇다면 이러한 여러 가지 가능성들에 대해 가 종교에서는 이떻게 생각하고 있는지 살펴보기로 하자.

종교에서는 죽음 이후의 세계를 어떻게 말할까?

그리스도교

그리스도교 내세관의 가장 큰 특징은 죽은 다음의 세계가 천국과 지옥으로 양분되어 있다는 점이다. 모든 사람은 죽은 뒤 천국과 지옥 중 하나의 세계로 들어가게 된다고 말한다. 우리가 살아 있을 동안 예수가 우리 인간의 죄를 대신해서 죽었고 그로 인해 인간의 죄가 모두 용서되었다는 것을 믿는다면 천국에 가서 최고의 행복을 영원히 누릴 것이지만 이것을 믿지 않는다면 지옥에 떨어져서 영원한 형벌을 받는다고 한다. 그리고 세상에 종말의 날이 있어 이를 말세(末世)라고 하는데 이때에는 예수가 재림할 것이고 죽었던 모든 사람들도 다시 살아나서 신의 심판을 기다린다고 한다. 이제까지의 모든 악과 사탄의 세력이 모두 멸망하고 완전한 의로움과 선함으로 채워진 세계가 도래할 것이라고 한다.

내세관에 있어 천주교와 개신교의 차이는 연옥(Purgatory)에 있다. 천주교에 따르면 사소한 죄들을 다 회개하지 못하고 죽거나 자신의 죄에 대해 완전히 그 대가를 치루지 못한 사람들은 예수를 믿어도 천국에 입장하는 것이 일정 기간 동안 보류된다는 것이다. 그리고 연옥에서 자신의 죄에 대해 완전히 씻음을 받은 후에 천국에 들어갈 수 있다고 한다. 따라서 연옥은 천국으로 가기 위한 일종의 대기실 같은 곳이다. 개신교에서는 예수를 믿고 회개하는 순간 모든 죄가 한꺼번에 다 용서되기 때문에 연옥 같은 곳은 필요 없다고 주장한다.

불교

불교에서는 세상의 모든 존재들이 서로 의존하는 관계에 있다고 가르친다. 따라서 내가 없으면 네가 없고 또한 네가 없으면 우리도 없다고 한다. 그리고 고정불변하는 존재는 하나도 없다고 가르친다. 따라서 나라고 하는 자아도 죽은 뒤에는 없어지고 윤회의 과정에서 다른 존재로 다시 태어난다고 한다. 불교에서는 일생 동안 선을 많이 행하면 다음 세상에 최고의 존재인 인간으로 태어나지만 나쁜 짓을 많이 하면 더 하급의 존재로 태어난다고 생각한다. 그런데 이렇게 다시 태어나고 늙고 병들고 죽는 과정들은 모두 고통의 연속일 뿐이라고 한다. 이 고통은 집착에서 생겨나는 것이므로 고통에서 벗어나기 위해서는 자신의 마음을 모두 비우고 집착을 없애라고 가르친다. 그러면 해탈하여 윤회의 수레바퀴에서 벗어나고 고통에서 완전히 자유로운 열반의 세계로 들어갈 수 있다고 믿는다.

유교

유교에는 내세관이 없다. 유교는 영혼의 존재를 부인한다. 인간이 죽으면 육체는 썩어서 자연으로 돌아가고 정신은 기로 발산된다고 한다. 정통 유교에서는 귀신의 존재까지도 부정하는 경향이 있다. 그런데 유교에서 중요하게 여기는 제사는 무엇일까? 그것은 조상과 자연에 드리는 보은과 정감의 표현일 뿐이다. 제사는 그러한 표현을 통해 공동체의 유대감을 강화시키고 문화적 소양을 기르는 등 자녀들을 교육시키는 데 목적이 있다고 하겠다. 따라서 그리스도교 일각에서 유교식 제사를 우상 숭배로 보는 것은 정통 유교의 입장에서 보면 오해일 뿐이다. 왜냐하면 유교에는 섬길 신이 전혀 없기 때문이다. 유교에서는 인간과 자연의 일치와 합일을 중요시한다. 따라서 생명을 무엇보다도 중시하고 자연을 내 몸처럼 여긴다. 바로 그렇기 때문에 죽은 자에 대해 존중하고 산소를 돌보는 전통이 있는 것이다. 이렇듯 유교는 철저하게 현실주의적이기 때문에 점을 치고 묏자리를 보는 것은 정통 유교의 가르침과는 다를뿐더러 설사 유교를 따르는 사람들에 의해 행해질지라도 그것들은 순전히 현실적인 목적에서 이루어지는 것으로 보아야 할 것이다.

도교

도교는 유교와 더불어 현세적인 종교이다. 그러나 유교와 달리 도교에는 내세가 있다. 유령에는 두 가지 종류가 있는데, 삼혼(三魂)은 이성적인 성격을 가진 것으로 저승으로 가고 각자의 인연에 따라 다른 세계로 가는 반면 칠백(七魄) 즉, 넋은 죽은 다음 그 자리에 남아 시신을 지키고 자신을 어떻게 대해 주느냐에 따라 좋은 사람들에게 좋은 것도 주고 나쁜 것도 준다고 한다. 죽은 사람의 모습을 하고 꿈에 나타나는 귀신도 도교와 관련이 있다. 절에 가면 가장 뒤에 있는 건물이 주로 성황당이나 칠성각인데 이것들은 불교가 아니라 도교의 전통을 받아들인 것으로 옥황상제, 산신, 토지신, 용왕 등 도교의 각종 신들을 섬기는 장소이다. 도교는 기본적으로 죽은 다음의 세계를 추구하지 않고 죽지 않는 비법을 연구하는 종교이다. 따라서 죽지 않고 오래 산다는 뜻인 장생불사(長生不死)를 위해 수련을 쌓고 그리하여 결국 신선이 되려고 한다. 옛날이야기에 자주 나오는 각종 도사들은 신선이 되고자 노력하는 사람들이고 나무꾼에게 옷을 빼앗긴 선녀도 도교에서 나오는 개념이다.

5

종교적 경험은
진실일까, 아니면
환상에 불과할까?

– 종교적 기적이란 무엇일까?

종교적 기적이란 무엇일까?

여러 종교인들이 경험하는 특별한 체험에 대해 들어 보거나 직접 본 적이 있을 것이다. 작두 위에서 펄쩍펄쩍 뛰는 무당은 발에 아무런 상처를 입지 않는다. 생전 공부해 본 적도 없는 외국어로 기도하는 기독교인들도 있다. 앞일을 예언하는 고승의 경우도 들어 보았을 것이다. 우리는 이러한 기적과 같은 일들을 어떻게 이해해야 할까? 그런 현상은 강한 신앙을 통해 자연 현상을 극복하고 실제로 일어난 기적일까? 아니면 마술사의 손놀림과 같이 그저 우리의 감각을 속이는 수법에 불과한 것일까? 혹은 차력사와 같이 오랫동안의 수련을 통해 익힌 뛰어난 기술일까? 이러한 문제를 풀기 위해 우선 종교적 체험이란 무엇이고 그 특징들은 어떠한지 살펴보고 여러 가지 종교적 체험들에 대해 설명해 보기로 한다.

종교적 체험이란 나를 둘러싼 세계의 질서가 가지는 진정한 의미에 대해 인식하고 자각하며 관조하는 것을 의미한다. 이것은 세계 전체에 대해 간절한 소망을 가지고 최고의 초월자에게 자신을 전적으로 맡기는 것으로 이러한 체험을 통해 지적, 도덕적, 감성적 생활을 완전히 통일시킬 수 있다. 종교적 체험은 도덕적 체험, 심미적 체험, 세속적 체험과 비슷한 점도 있지만 근본적으로 차이가 있다. 종교적 체험은 도덕적 체험을 전제로 하지만 도덕적 체험을 초월한다. 즉, 도덕적이지 않은 신은 더 이상 섬김을 받을 가치가 없지만 도덕적이기만 한 신은 또한 섬김을 받지 않는다. 심미적 체험은 감탄과 경이로움을 느끼게 하지만 종교적 체험은 감탄과 경이로움 외에도 숭고하고 거룩하며 성스럽다는 느낌을 준다. 세속적 체험은 보편적이고 일반적이지만 종교적 체험은 개별적이고 초월적이다.

종교적 체험은 자신을 초월하려고 하지만 자신의 힘만으로는 불가능하기 때문에 자기 초월을 위해 초월자에 대해 자신을 전적으로 맡긴다는 점에서 공통적인 특징을 갖는다. 그런데 이러한 초월에는 어떤 것들이 있을까? 그리스도교나 이슬람교에서는 초월적 존재인 신과의 대화를 통해 초월을 얻을 수 있다고 한다. 불교에서는 자기 자신에 대한 깊은 내면적 성찰을 통해 초월을 깨달을 수 있다고 믿는다. 그리스 신화나 창세기에서처럼 세계의 시원을 향한 초월이 있는가 하면 그리스도교에서처럼 가장 높은 존재를 향한 초월도 있다. 또한 종말론과 같은 세상의 마지막을 향한 초월도 있고 세상은 끊임없이 순환한다고 믿는 초월도 있다. 그리고 세계의 중심이나 가장 깊은 곳에 신이 있다고 믿는 초월도 있다.

그런데 이렇게 다양한 초월적 체험에 공통적으로 자리 잡고 있는 것은 무엇일까? 그것은 성스러움 혹은 거룩함(holiness)이다. **루돌프 오토**(Rudolf Otto, 1869~1937)는 성스러움의 의미를 **누멘**(numen)이라는 어디에도 속하지 않는 독자적, 선험적, 복합적 범주로 설명했다. 그는 이러한 성스러움에 대한 설명을 통해 종교의 비합리성을 밝혔다. 성스러움은 정의가 불가능하고, 누멘은 합리와 비합리의 결합 혹은 양자의 부정이다. 성스러움에 있어 합리적, 비합리적 요소는 모두 경험 이전에 있다.

누멘은 두려움, 압도적임, 활력성, 신비함, 매혹성, 어마어마함, 거룩함, 장엄함, 피조물적 감정 등 여러 가지 요소와 특징을 포함한다. 그러나 이 모든 특징 중에서도 가장 중요한 두 가지 주요 요소가 있다. 첫째는 '두렵게 하는 것

(tremendum)'인데, 이는 정의, 도덕적 의지, 반도덕성의 배제 같은 합리적 관념들에 의해 도식화되어 성스러운 신의 진노가 된다. 둘째는 '매혹적인 것(fascinans)'인데, 이는 선, 자비, 사랑과 같은 관념에 의해 도식화되어 풍부한 내포를 지닌 은총이 된다. 이 둘 즉, 신의 진노와 은총이 서로 대조적 조화를 이루게 된다. 그런데 오늘날 성스러움의 의미는 더 이상 누멘적인 것을 뜻하는 것이 아니라 누멘적인 것이 합리적이고 목적 설정적이며 인격적이고 윤리적인 요소들에 의해 완전히 침투되고 충족된 것을 의미한다. 산발적이고 혼란스러우며 충동적인 감정은 종교라는 의무적 감정으로 바뀌고, 무서움은 성스러운 전율로, 누멘은 신 혹은 신성(神性)으로 변화되고, 성스러움과 신성은 선함과 동일시된다.

특정한 종교를 믿는 사람들은 자신이 겪은 종교적 체험들이 절대적으로 옳다고 생각한다. 그러나 다른 종교를 믿는 사람들은 그 체험이 일종의 착각이라고 생각하는 경우도 있다. 그럼에도 불구하고 모든 종교적 체험들이 가지는 공통적인 특성들이 있다. 그것은 근원적이고 비합리적이다. 설명을 통해 다른 사람들에게 전달할 수 없지만 절대적으로 확실하다고 믿어지고 숭배의 대상으로부터 직접적으로 받는 것이다.

이러한 종교적 체험 중에서 우리의 관심을 끄는 경우가 바로 기적이다. 신이 내려 무당이 되는 과정과 작두 타기, 귀신 쫓기, 예언 등 그러한 무당의 초능력, 기독교인들이 일종의 은사라고 여기는 방언, 도교의 도사들이 행하는 축지법이나 공중 부양, 현대의 심령술사들이 행하는 텔레파시와 투시 등 기적의 예들은 다양하다. 모세가 홍해를 가르고, 이차돈을 칼로 베자 푸른 피가 솟구치며, 신선이 되어 구름을 타고 다니는 것들은 종교적 기적의 대표적인 예들이다.

그런데 이러한 기적들을 어떻게 이해해야 할까? 스피노자(Baruch Spinoza, 1632~1677)와 많은 이신론자들은 기적이 불가능하다고 주장했다. 자연의 질서라는 것은 바로 신이 명령한 것이고 기적은 자연의 질서를 거스르는 것이기 때문에 기적은 일어날 수 없다는 것이다. 왜냐하면 전능한 신의 명령을 벗어나서 일어날 수 있는 일은 없기 때문이다. 그러나 중세 신학자들과 철학자들은 기적이 일어날 수 있고 그것을 설명할 수 있다고 주장했다. 자연에는 두 가지 질서가 있다. 하나는 인간에게 알려지는 질서이고 다른 하나는 신에게 알려지는 질서이다. 그런데 기적은 인간에게는 알려지지 않지만 신에게는 알려지는 질서 속에서 일어나는 현상이다. 즉, 신은 그 이유를 알 수 있지만 어리석은 인간은 이해할 수 없는 사건이 바로 기적이라는 것이다. 근의 공식과 같은 해법을 모르는 초등학생에게 이차 방정식 문제를 푸는 것은 기적처럼 보이지만 그것을 이미 배운 고등학생에게는 자연스러운 일이다. 마찬가지로 유한한 지식을 가진 인간에게는 엄청난 기적처럼 보이는 것들도 모든 것을 다 아는 신의 입장에서 보면 간단한 일일 수 있다. 사실 기적은 우리가 그 원인과 과정을 모르는 현상에 불과하고 일단 원인과 과정을 이해하게 되면 더 이상 기적이 아니라 평범한 사실이 된다. 기차가 처음 도입되었을 때 사람들은 그 엄청난 소리와 속도에 놀라워하면서 '철마(鐵馬)'라고 불렀다. 그런데 지금은 기차보다 더 빠르고 큰 비행기를 타고 세계로 여행을 다닌다.

　평범하던 사람이 어느 날 갑자기 신이 내려 무당이 되기도 한다. 그 사람은 앞일을 내다보기도 하고 다른 사람들 속에 있는 귀신을 내쫓기도 한다. 종교는 그 외에도 여러 가지 초자연적 현상을 일으킨다. 과학과 이성에 대한 강한 믿음을 가지고 있는 사람들은 이러한 기적이 단지 눈속임이거나 아직 과학의 힘으로 밝혀지지 않은 현상에 불과할 뿐 언젠가 세월이 흐르면 그 원인이 밝혀질 것이라고 말한다. 또한 종교의 힘이 위대하다는 것을 믿는 종교인들은 기적이 신의 막강한 힘으로 이루어졌다고 주장한다. 다만 인간의 제한된 능력으로는 이해하지 못할 뿐이라고 말한다. 종교를 믿는 사람과 믿지 않는 사람 모두 기적을 인간이 이해하는 능력을 벗어난 현상이라고 생각하는 점에서는 마찬가지이다. 다만 그 초능력의 세계를 신에 의한 것으로 보는지 아직 밝혀지지 않은 것으로 보는지 하는 점에서만 차이가 있을 뿐이다. 바로 이 때문에 신적인 세계가 외계인에 의한 것이라는 뉴에이지 운동(New Age Movement)이 일어나기도 했다. 뉴에이지 운동을 따르는 사람들은 예수는 외계인이고 종교적인 기적은 모두 과학적으로 밝혀질 것이라고 주장한다. 어떤 사람들은 심령학 혹은 초심리학에 의해 텔레파시나 투시와 같은 초자연적 현상들이 모두 밝혀질 것이라고 믿는다.

우리가 경험할 수 있는 특별한 종교적 체험들이 진실일지 아니면 환상에 불과한 것일지 한꺼번에 판단해 주는 기준이 있는 것 같지는 않다. 과학을 신뢰하든 특정 종교를 신봉하든 아니면 이 둘을 조화시키려고 하든 어떤 특정한 현상을 모두 같은 의미로 보는 것은 아니다. 고대의 점성술사들은 규칙적인 천체 현상에서 벗어난 특별한 일들, 예를 들어 별똥이 떨어지는 것과 같은 사건들을 신의 의지와 연결시켰고 신이 일으킨 기적으로 받아들였다. 그러나 오늘날에는 과학자들 뿐 아니라 종교인들에게도 이러한 현상은 더 이상 기적이 아니다. 어떤 종교적 현상들은 신의 의지에 의해 일어난 일일 수도 있고 단지 우리의 감각 기관에 일어난 착각일 수도 있다. 귀신은 실재할 수도 있고 단지 착시일 수도 있다. 어느 누구도 모든 초자연적 현상들이 모두 신에 의해 이루어졌다고 주장하거나 단지 눈속임이라고 자신 있게 말하지 못한다.

이렇게 기적에 대한 여러 해석이 가능함에도 불구하고 종교적 체험들이 의미 있게 받아들여지는 이유는 무엇일까? 그것은 두려움과 매혹이라는 신의 누멘적 두 주요 요소를 보여주는 기능이 있기 때문이다. 기적을 통해 인간은 자신이 가지는 능력의 한계를 깨닫고 무한한 존재인 신에게로 자신을 맡기려는 생각을 한다. 기적이 주는 두려움과 매혹 때문에 인간은 강한 능력을 지닌 신에게 무력한 자신을 의지함으로써 마음의 안정을 얻으려고 하는 것이다. 그러나 사실 기적은 그 자체만으로 종교를 믿게 하기에는 부족한 점이 있다. 왜냐하면 기적을 신만이 일으키는 것으로만 이해할 수 있는 것은 아니기 때문이다.

6

종교와 도덕은
어떤 관계가 있을까?

– 신이 부당한 명령을 내린다면 어떻게 해야 할까?

신이 부당한 명령을 내린다면 어떻게 해야 할까?

경준이는 훌륭한 학생이다. 그리고 경준이는 신앙심이 깊다. 그런데 다음 월요일 1교시에 경준이가 가장 어려워하는 수학 시험이 있다. 그리고 그 전날 일요일에는 교회에서 큰 행사를 하고 경준이가 사회를 맡기로 되어 있다. 그 행사 때문에 일요일에는 하루 종일 다른 일을 전혀 할 수가 없다. 경준이는 일요일에 교회에 가는 것과 그다음 날 수학 시험을 준비하는 것 사이에서 갈등하고 있다. 경준이는 교회를 가야 하는가? 경준이는 신앙인으로서 기본적으로 해야 할 일과 학생으로서의 본분 사이의 갈등을 어떻게 해결할 수 있을까?

고대 그리스의 소크라테스는 "신이 성스러운 것을 사랑하는 것은 그것이 성스러워서 그러한 것인가? 아니면 신이 사랑해서 성스러운 것인가?"라는 질문을 한다. 이 질문은 플라톤의 대화편, 『에우티프론』에서 소크라테스가 에우티프론에게 던진 유명한 질문으로 흔히 **에우티프론 난제**라고 부른다. 현대 윤리학계에서는 이 질문을 '어떤 행위가 옳은 것은 신이 명령해서 그러한 것인가 아니면 원래 옳기 때문에 신이 그 행위를 명령한 것인가?'의 형태로 사용한다. 어떤 행위가 옳은 것이 신이 그렇게 명령해서라고 믿는다면 그 사람은 신앙이 투철한 사람일 것이고, 원래 그 행동이 옳기 때문에 신이 그렇게 명령했다고 주장한다면 그 사람은 신보다는 인간의 이성적 능력과 진리의 보편성을 신뢰하는 사람일 것이다. 따라서 에우티프론 난제는 윤리학에 있어 도덕성의 기반이 신적 권위에 있는가 아니면 인간의 이성적 능력에 있는가를 결정하는 시금석으로 이용되어 왔다.

신의 명령과 도덕적 규범 사이에서 생기는 갈등은 이미 그리스도교적 전통에 있어 왔다. 구약에서 믿음의 조상이라고 불릴 만큼 강한 신앙을 가졌던 아브라함은 나이 구십이 넘어 아들 이삭을 보았다. 그런데 신은 아브라함에게 그의 아들 이삭을 죽여 제사를 지내라고 명령했다. 아브라함은 주저 없이 신의 명령을 따라 아들을 죽이려 했고 그 순간에 신은 그 행동을 멈추게 했다. 그러나 죄 없는 이삭을 죽이라고 한 신의 명령을 따르는 것이 명백하게 비도덕적 행위라는 점에서 문제가 생긴다. 신 자신이 내린 십계명의 여섯 번째 계명은 죄 없는 사람을 죽이는 것을 금지하고 있다. 그런데 신은 스스로 내린 계명에 반대되는 명령을 내렸다. 이 경우 어느 것을 따르는 것이 옳은 것일까? 아브라함이 죄 없는 아들 이삭을 죽이려고 한 것은 살인 미수에 속하는 것일까? 신은 살인을 명령했기 때문에 살인의 배후 조종이라는 죄를 지은 것일까? 아니면 신이 시켜서 한 살인은 살인에 해당되지 않는 것이 아닐까?

이와 비슷한 경우가 또 있다. 신은 십계명의 일곱 번째 계명에서 간음하지 말라고 명령했다. 그리고 간음한 자와 결혼하는 것도 또 다른 간음을 저지르는 것이라고 말했다. 그런데 신은 선지자 호세아에게 간음한 여인을 아내로 맞이하라고 명령한다. 그리고 호세아는 이를 따른다. 이 경우 호세아는 간음한 여인과 결혼했기 때문에 그 스스로 간음을 저지른 것일까? 아니면 신의 명령을 따랐기 때문에 죄에서 면제된 것일까?

이스라엘 사람들이 이집트에서 도망칠 때 신은 이스라엘 사람들에게 이집트 사람들의 재산을 훔쳐서 나오라고 명령했다. 그리고 이스라엘 사람들은 그 명령을 따라 이집트 사람들의 재산을 가지고 나왔다. 그런데 신이 직접 내린 십계명의 여덟 번째 계명에 따르면 도둑질은 나쁜 짓이고 죄를 짓는 것이다. 이 경우 이스라엘 사람들은 도둑질을 했기 때문에 죄를 범한 것일까? 아니면 신의 명령을 따랐기 때문에 죄에서 면제받을 수 있을까?

우리는 도둑질, 살인, 간음, 사기와 같은 행동을 도덕적으로 부당한 행동이라고 하고 이러한 행위들은 어느 사회에서나 도덕적으로 나쁜 행동이라고 믿고 있다. 이를 도덕의 보편성이라고 한다. 그리고 우리는 신이 항상 도덕적으로 옳은 명령만 한다고 믿는다. 그런데 위에서 본 경우들과 마찬가지로 만약 신이 우리에게 도덕적으로 부당한 행동을 하라고 시킨다면 우리는 이를 어떻게 받아들여야 할 것인가? 신의 명령이므로 무조건 따라야 하는가? 아니면 우리가 생각하는 바대로 도덕적인 기준을 따라 행동해야 하는가?

신의 명령은 무조건 옳기 때문에 따라야 한다는 하는 주장은 **신명론**(Divine Command Theory)에 해당된다. 이는 개신교의 주장과 대체로 일치한다. 여기서는 신이 가장 최고의 기준이 되고 신이 결정하면 무조건 따라야 할 선이 된다고 여긴다. 반면 인간은 태어날 때부터 선과 악을 분별할 수 있는 능력이 있다고 하는 주장은 **자연법이론**(Natural Law Theory)에 해당된다. 이 이론에 따르면 인간은 모두 양심이라는 보편적 능력을 가지고 태어났고 그것만으로 충분히 도덕적 삶을 살아갈 수 있다. 이는 천주교의 주장과 대체로 일치한다. 대부분의 경우에 신의 명령과 우리의 양심이 판단하는 도덕적 결정들은 일치한다. 신의 명령과 인간의 양심은 모두 부모님을 공경하고 남을 돕고 남의 물건을 탐내지 말라고 말한다. 이렇게 신의 명령과 양심의 소리가 일치하는 경우에는 아무런 문제가 생기지 않는다. 그런데 이 둘이 서로 다른 목소리를 낼 때 무엇을 따라야 할지 결정하기 어려워진다.

신의 명령을 도덕적 기준으로 삼은 신명론은 다음과 같은 매력이 있다. 신명론은 종교와 도덕 간의 강한 유대 관계를 가능하게 해서 종교인들을 도덕적으로 만드는 일에 기여할 수 있다. 그리고 같은 종교를 믿는 사람들 간의 사회적 통합을 강화시킨다. 또한 이해하기 쉽고 강한 동기 부여를 해주어 도덕 교육의 효과를 높일 수 있다. 그러나 그럼에도 불구하고 신명론에는 다음과 같은 문제점들이 있다. 만약 우리가 신의 명령만을 따르고 도덕적 규범들을 무시한다면 사이비 종교의 신이 내리는 자의적 명령을 맹종하는 광신자가 될 수 있는 위험이 있다. 이러한 신의 명령은 자의적이고 그 신을 믿는 신자들에게만 유효하기 때문에 일반적 도덕규범으로서의 역할을 담당할 수 없다. 또한 신의 명령을 해석하는 것에도 여러 관점의 차이가 존재한다. 그리고 신의 명령을 따르면 인간의 도덕적 자율성이 없어져 버릴 위험이 있다. 즉 신의 명령만 따르는 인간은 자기 스스로 행위를 결정하는 것이 아니라 신의 명령에만 의존하기 때문에 자유로운 인간이 될 수 없다.

반면 자연법이론은 인간의 도덕적 판단능력을 충분히 발휘할 수 있어서 인간의 자율성을 존중하는 도덕 이론이다. 이 이론은 신명론이 가지고 있는 자의적이고 보편적이지 못한 점들을 극복할 수 있는 장점이 있다. 그러나 자연법이론은 신의 권위보다는 인간의 능력을 더 높게 평가하는 문제점이 있을 수 있다. 이것은 일종의 신성 모독이다.

그런데 우리는 에우티프론 난제에 대해 한 가지 대답만을 선택해야 하는가? 우리는 종교와 도덕 중에서 하나는 포기하고 다른 하나만을 선택해야 하는가? 종교를 믿는 사람은 도덕적인 삶을 포기해야 하고 도덕적인 사람은 모든 종교를 배척해야만 하는가? 아마도 쉽게 그렇다고 대답하는 사람은 없을 것이다. 그렇다면 종교와 도덕을 둘 다 선택하면서도 모순이 없게 할 수 있을까?

아퀴나스에 따르면 신은 지혜로운 존재이고 인간이 가지고 있는 양심은 신이 인간을 창조할 때 심어 준 신의 지혜의 일부분이다. 그리고 신의 명령은 지혜로운 신의 목소리이기 때문에 무조건 옳다. 따라서 우리의 양심에서 나온 판단과 신의 명령은 결국 신의 지혜라는 궁극적 원천에 있어서는 같고 모순이 될 수 없다.

그렇다면 아브라함과 호세아와 이스라엘 사람들에게 내린 신의 명령은 어떻게 이해해야 하는가? 살인과 간음과 도둑질을 하지 말라고 신이 명령한 십계명의 계명들은 어떤 경우에도 당연히 도덕적으로 타당하다. 그러나 이삭을 죽이고 간음한 여인과 결혼하고 이집트인들의 재산을 취하라고 한 신의 명령 또한 도덕적으로 나쁜 행동들이 아니다. 왜냐하면 그것들은 엄밀한 의미에서 살인도 간음도 도둑질도 아니기 때문이다. 신은 세상 모든 생명들을 창조했다. 따라서 세상에 있는 모든 생명들은 궁극적으로는 신의 소유이다. 즉 신이 세상 모든 생명들의 진정한 주인이다. 자기가 기르고 소유하는 가축을 죽일 권리는 누구나 가지고 있다. 따라서 주인인 신이 명령해서 이삭을 죽이려고 한 것은 엄격한 의미에서의 살인이 아니다. 사형 집행인이 법관의 명령에 따라 사형수를 처형하는 것은 살인이라고 부르지 않는다. 그리고 사형 집행인은 살인자가 아니다. 이는 살인이라는 죄에서 면제된 예외가 아니라 그 행위를 살인이라는 범주에 적용하지 않는 것이다. 따라서 살인이라는 행위가 죄가 된다는 일반적 계명과 도덕규범은 그대로 유효하면서도 아브라함은 살인죄를 저지른 것이 아니게 된다.

마찬가지로 신은 결혼이라는 제도를 만들고 관리하는 자이다. 즉, 결혼의 진정한 주인이다. 따라서 신이 호세아에게 간음한 여인을 아내로 맞이하라고 명령한 것과 그 명령을 따라 행한 것은 간음에 속하지 않는다. 이는 간음이라는 데서 면제된 예외가 아니라 그 행위를 간음에 적용하지 않는 것이다. 따라서 간음을 금지하는 도덕적 규칙은 그대로 유지되면서도 호세아는 간음죄에서 자유롭게 될 수 있다.

또한 신은 세상의 모든 것들을 창조했기 때문에 모든 재산들의 진정한 주인이다. 따라서 주인인 신이 명령해서 어떤 재산을 취한 행위는 도둑질이 아니다. 예를 들어 빚을 못 갚아서 재산이 압류된 경우 그 재산의 소유주는 이미 은행이나 다른 채권자로 바뀐 것이다. 이 경우 새 소유주에 의해 재산에 딱지를 붙이고 처분하는 경우는 도둑질이나 강도질이 아니다. 마찬가지로 이집트에서 도망칠 때 신이 이집트인의 재산을 가지고 나가라고 이스라엘 사람들에게 명령한 것과 그것을 따라 가지고 나간 것은 도둑질이 아니다. 당시 이집트인들은 착취를 통해 이미 많은 것들을 부당하게 소유해 왔으며, 또한 이 경우에도 진정한 소유주는 신이다. 따라서 신이 명령해서 가지고 간 것은 도둑질이 아니다. 이 행위는 도둑질을 금하는 일반적 도덕규범은 그대로 유지한 채 이스라엘 사람들을 절도죄에서 자유롭게 한다. 어떤 사람들은 이 경우들에서 신의 명령에 의해 일반적 도덕규범들이 깨지지 않았기 때문에 신명론이 성립되지 않고 자연법이론만 유효하다고 주장한다. 즉, 신명론에 대한 자연법이론의 승리라는 것이다. 그러나 이 사람들이 보지 못하고 있는 것이 있다. 그것은 어떤 행위를 규범에 적용하는 것과 적용하지 않는 것이 누구에 의해 결정되느냐 하는 점이다. 아무나 그러한 결정을 내릴 수 있는 것은 아니다. 법의 적용은 통치자나 혹은 통치자가 위임한 자들에 의해서만 이루어질 수 있다. 또한 신이 세상을 창조할 때 의도한 바를 명령했고 그것들이 그대로 이루어졌다. 즉, 빛이 있으라고 명령하자 빛이 있었고 땅과 하늘이 있으라고 명령하자 땅과 하늘이 생겨났다. 세상의 자연적 질서는 모두 신이 의도한 바에 따라 만들어진 것이다. 따라서 우리의 양심과 자연의 법칙들도 모두 신의 의도에 따라 만들어진 것들이고 신의 명령에 의한 것이라고 보아야 한다. 그러므로 신의 명령에 의해 세상의 옳고 그름이 만들어졌다는 것과 자연의 질서와 우리의 양심에 따라 선과 악을 판단하며 신의 구체적 명령도 이와 다르지 않다는 것은 결국 같은 것을 서로 다른 관점에서 본 차이에 불과하다.

신은 경준이에게 시험공부 대신 교회에 가서 봉사하라고 명령할 수 있다. 또한 신은 교회보다는 좋은 성적을 받아 좋은 학교로 진학해서 더 큰일을 하라고 명령할 수도 있다. 신앙인으로서 신의 명령을 따라야 하는 것은 당연하다. 그러나 어떤 신을 믿느냐 하는 것은 또 다른 차원의 문제이다. 어떤 사이비 종교 집단에 빠진 사람은 그 교주가 명령한 모든 것을 전부 신의 절대적 명령으로 받아들이고 따를 수 있다. 그러나 그 교주의 명령이 전 재산을 교단에 바치고 평생 노예처럼 일하라든지 일주일 후에 신이 재림하기 때문에 그때에 죽지 않으면 스스로 목숨을 끊으라는 것이라면 그 종교가 과연 건전한 종교인지 의심해 보아야 할 것이다. 사실 신의 명령을 따라 성실하게 신앙생활을 하는 것과 어떤 신을 선택하느냐 하는 문제는 구분되어야 한다.

7

종교, 과학, 사회는
어떻게 관련될까?

- 여러 가지 종교들이 사이좋게 지낼 수 있을까?

- 종교와 과학은 사이좋게 지낼 수 있을까?

- 종교는 우리가 사는 사회에서 어떤 의미를 가질까?

우리는 지금까지 신과 종교 자체에 대해 알아보았다. 이제는 종교가 다른 종교, 과학, 사회와 어떻게 관련되는지에 대해 알아볼 차례이다. 우선 여러 종교들이 서로 싸우지 않고 조화롭게 공존할 수 있는가 하는 문제에 대해 알아본다. 이는 종교가 배타적일 수밖에 없는가 아니면 여러 종교들이 평화롭게 지낼 수 있는가 하는 문제를 말한다. 둘째로 종교와 과학 간의 관계에 대해 알아본다. 종교와 과학은 오랫동안 그래왔던 것처럼 서로를 배척하는 관계일 수밖에 없는가? 아니면 상보적 측면도 있는 것인가? 셋째로 종교가 사회 내에서 가지는 의미와 역할에 대해 알아본다. 종교는 사회에 좋은 영향을 미치는가 아니면 나쁜 영향을 미치는가? 그렇다면 그 구체적인 내용은 무엇인가? 이러한 세 가지 문제에 대해 하나씩 답을 찾아보도록 하자.

여러 가지 종교들이 사이좋게 지낼 수 있을까?

모든 종교는 그 종교가 가장 바른 길을 안내한다고 주장한다. 불교는 부처의 가르침이 가장 지혜롭다고 주장하고 도교에서는 노자나 장자의 사상이 가장 뛰어나다고 한다. 그리고 유대교, 그리스도교, 이슬람교에서는 단 하나의 신만이 참된 신이라고 주장한다. 그렇다면 서로 다른 종교를 가진 사람들이 모여 서로 자신들이 믿는 신만이 참되다고 주장한다면 어떤 일이 벌어질까? 아마도 서로 목숨을 걸고 싸우는 아수라장이 될 것이다. 이스라엘과 다른 이슬람 국가들 간에 오랫동안 교전 상태에 있는 중동의 경우나 인도와 파키스탄의 종교분쟁이 그 대표적인 예들이다. 우리는 종교를 위해 목숨 걸고 싸우는 예를 미국의 9·11 사태를 통해 보았다. 그런데 서로 다른 종교 사이에는 타협과 평화가 불가능한 것인가?

철학적 논변과는 달리 종교의 문제는 본질적으로 선택하고 결단하며 믿는 차원의 문제이다. 토론과 설득을 통해 서로 이해하고 합의점을 찾는 문제가 아니다. 부처를 선택하면 부처를 충실히 따르면 되고, 야훼를 선택하면 야훼를 믿으면 된다. 자신이 선택한 종교를 절대적이라고 믿고 따르는 것에는 아무런 문제가 없다. 오히려 그러한 종교적 열정은 자기희생을 만드는 건전한 측면까지 있다. 슈바이처 박사나 마더 데레사가 전혀 본 적도 없는 남들을 위해 일평생 봉사하며 살아갈 수 있었던 것은 그들이 믿는 신에 대한 절대적 신앙이 있었기 때문이다. 그런데 대부분의 종교는 자신의 체계만이 옳다고 하는 배타적 성질이 있다. 따라서 동시에 여러 종교를 믿는다는 것은 사실상 어렵다.

그러나 배타적 교리를 따르고 자기 신앙의 절대성을 간직하는 것과 다른 사람의 신앙을 무시하고 파괴하려고 하는 것은 다른 차원의 문제이다. 유대교와 그리스도교, 이슬람교의 신은 자신 앞에서 다른 신의 우상을 만들거나 섬기지 말라고 명령했다. 그러나 다른 사람들이 믿는 신까지 파괴하라고 명령하지는 않았다. 만약에 그렇다면 다른 모든 종교들에 대한 선전 포고가 되고 이러한 종교를 믿는 사람들은 목숨을 바쳐 다른 종교를 믿는 사람들과 평생 싸워야 할 것이다. 그러나 그들이 믿는 신은 신과 이웃을 사랑하라고 명령하는 신이다.

따라서 대학 내에 세워 둔 장승을 뽑아 버리고 공공장소에 세워진 단군 동상의 목을 자르는 일부 개신교도들의 행태는 위험하고 편협한 종교 이해에서 나온 것이라고 할 것이다. 그들이 믿는 대로 행동한다면 언젠가는 모든 사찰의 불상들도 깨어 버려야 할 것이고 다른 종교의 신자들도 교회의 십자가를 불태워야 하고 또 교회는 항상 보복의 두려움에 떨면서 복수의 칼을 갈아야 할 것이다.

종교 간의 관계와 다른 종교를 바라보는 시각에는 세 가지가 있다. 첫째는 **배타주의**이다. 이는 자신이 믿는 종교만이 유일한 진리라고 보는 시각이다. 다른 종교에도 부분적인 진리가 있을 수는 있지만 궁극적 인간 구원은 오직 자신이 믿는 종교를 통해서만 가능하다고 주장한다. 이들은 서로 다른 종교에서 주장하는 교리들이 양립할 수 없다는 점을 들어 배타주의가 옳다고 믿는다. 즉, 불교의 윤회설과 기독교의 창조론은 서로 모순되기 때문에 둘 중 하나는 옳지 않다고 주장한다. 배타주의를 신봉하는 사람들 중에는 다른 종교를 믿는 사람을 불쌍히 여기고 그들을 위해 선교하는 열정을 보이기도 한다. 그러나 배타주의가 위험한 형태를 취한 경우에는 다른 종교를 믿는 나라에 대해 전쟁을 일으키기도 한다.

둘째는 **다원주의**이다. 이는 상대성을 최대한 인정하고 모든 종교의 궁극적 목적은 인간의·구원에 있지만 그 방법은 개별적인 종교에 따라 다를 수 있다고 주장한다. 장님은 코끼리를 볼 수 없다. 장님은 자기가 만진 코끼리의 신체 부위가 코끼리의 전부라고 생각한다. 코를 만진 장님은 코끼리가 코처럼 생겼다고 생각하고 다리를 만진 장님은 코끼리가 다리처럼 생겼다고 생각한다. 마찬가지로 신이라는 궁극적 실체는 인간의 능력으로는 도무지 알 수 없다. 인간은 부분적으로만 신에 대해 알 수 있는데 이슬람의 색안경으로 보면 신이 알라신처럼 보일 것이고 불교의 색안경으로 보면 신은 부처님처럼 보일 것이다. 그런데 이러한 다원주의는 상대주의를 바탕에 깔고 있다. 따라서 상대주의가 가지는 논리적 취약성을 피하기 어렵다. 너도 옳고 나도 옳다면 진정 옳은 것은 무엇인가라고 물을 수 있다. 또한 상대주의는 가장 궁극적인 진리가 없다는 일종의 회의주의를 전제하게 되는데, 회의주의는 그 자체로 딜레마를 가지고 있다. 아무것도 확실한 것이 없다고 한다면 그렇게 말하는 것도 확실치 않게 된다. 따라서 회의주의는 성립될 수 없다.

셋째는 **포섭주의**이다. 이는 최고로 옳은 종교는 오직 하나라고 생각하는 점에서는 배타주의와 비슷하지만 다른 종교에도 구원이 있다는 것을 인정하는 점에서는 다원주의와 같다.

즉, 하나의 종교가 그 종교를 믿는 사람에게는 최선이지만 그에게 다른 종교도 여전히 차선으로 존재한다는 주장을 한다. 따라서 포섭주의는 배타주의와 다원주의를 합쳐 놓은 것과 같다. 이러한 포섭주의는 한 종교의 중심적 역할을 인정하면서도 다른 종교에 대한 관용을 허용한다는 점에서 자신만의 신앙을 가진 사람들에게 매력적일 수 있다는 장점이 있다. 그럼에도 불구하고 선교와 전도에 대한 동기 부여가 적어진다는 단점이 있다. 왜냐하면 다른 종교에도 구원이 있다는 것을 인정하면 굳이 그들에게 나의 종교를 전해 줄 생각이 적어지기 때문이다. 또한 각 종교가 서로 자신만이 유일하게 참된 종교라고 주장하면 어떤 것이 진정으로 참된 종교인지 판별할 기준이 없게 된다는 단점이 있다. 이렇게 포섭주의는 배타주의와 다원주의의 장점을 다 누릴 수 있지만 동시에 그 둘의 단점도 다 가지고 있다.

자신이 믿는 종교에 대한 강한 믿음은 중요하고 또한 바람직한 신앙인의 자세이다. 이런 점에서 예수는 오직 진리만을 따르고 불의와는 타협하지 말 것을 요구했다. 그런데 진리라는 말이 자신이 속한 교단을 가리키는 것으로 불의는 다른 교단을 의미하는 것으로 오해되기도 했다. 자신의 신앙적 태도와 경전 이해, 그리고 신학적 견해는 무조건 옳고 다른 사람들의 태도와 이해, 견해는 용납하지 않는 독단적 태도는 타종교와의 관계에서 뿐 아니라 같은 종교 내에서도 배타적인 관계를 만들어 왔다. 그것은 특히 한국 개신교를 특징짓는 분파주의에서 잘 나타난다. 조금이라도 뜻이 맞지 않으면 갈라져 나와 새로운 교단을 만드는 관행이 오랫동안 한국의 개신교를 분열시켰다. 표면적으로는 신학적 견해에서 대립하고 분열되었지만 이면적으로는 권력 다툼의 측면도 있었다는 점에서 마음을 비우고 섬기는 자세로 봉사하는 종교인들의 자세가 아쉽다. 이런 의미에서 현대 개신교계에서 추앙받는 철학자 키에르케고어도 그 당시의 개신교 교단의 세속적 권력 지향에 대항해서 싸웠다는 점이 새삼스럽지 않게 느껴진다.

종교는 신앙을 믿는 각 개인이 신과 직접 인격적인 관계를 맺는 것이다. 그러나 자신의 체험만이 절대적으로 옳다고 주장할 수는 없다. 다른 사람들이 믿는 종교에 대해 열린 마음과 관용을 가지고 인정한다는 것이 반드시 그 종교로 개종하거나 자신의 종교에 대한 불성실한 태도를 의미하는 것은 아니다. 이런 의미에서 새만금 문제로 한국의 불교, 천주교, 개신교, 원불교의 지도자들이 합심하여 삼보일배하던 모습은 세계적으로도 큰 반향을 불러일으켰던 사건이었다. 오랫동안 해마다 석가 탄신일이면 한신대학교 신학 대학원에 걸렸던 부처님의 생신을 축하한다는 현수막과 성탄절이면 화계사에 걸렸던 예수님의 생신을 축하한다는 현수막이 앞으로는 사라질 수도 있다는 신문 기사는 그 아름다운 모습을 더 못 볼 수 있다는 아쉬움을 남긴다.

종교 다원주의는 19세기부터 시작된 문화 인류학의 시작과 동양 사상에 대한 관심의 역사와 밀접하게 관련된다. 오랫동안 기독교의 틀 안에서 세계를 바라보던 서양 사람들은 이 시기를 거치면서 자신들의 오만함에서 벗어날 수 있었다. 그리스도교만이 유일한 고등 종교라고 믿던 태도는 다른 종교들에 대한 진정한 이해를 거치면서 사라졌다. 다른 종교에 대한 많은 연구를 통해 비교 종교학을 만들어 냈고 이러한 바탕 위에서 관용적 태도가 싹을 틔워 갔다. 주로는 다른 종교에도 구원이 있는가 하는 문제로 신학적 논의를 하는 가운데 많은 성과물들을 만들어 냈고 적어도 20세기 말부터 극단적 배타주의는 신학적, 종교학적 논의에서 꼬리를 내렸다. 종교 다원주의는 신이 내리는 은혜의 보편성과 구원의 배타성 사이의 갈등을 어떻게 해결하느냐 하는 데 문제의 핵심이 있다고 하겠다. 이러한 보편성과 배타성은 서로 긴장 관계에 있기도 하지만 그러면서도 조화의 여지를 갖고 있다는 점에서 각 종교인들의 현명한 견해와 사고를 기대하는 것이다.

그렇다면 여러 종교 사이에 대화와 협력의 분위기를 만들기 위해서는 어떠한 노력이 필요할까? 가장 중요한 것은 모두가 열린 마음을 가져야 한다는 것이다. 자기 자신의 종교뿐아니라 다른 사람들의 종교가 나름대로의 고유한 특성들을 가진다는 점을 인정하고 존중해야 할 것이다. 자신의 잣대로만 다른 사람들을 바라볼 것이 아니라 다른 사람들에게서 발견되는 '나와 다름'이라는 사실에서 오히려 배우려고 하는 자세가 필요하다. 종교 간의 대화가 토론과 토의가 되어야지 논쟁이나 논증이 되어서는 곤란하다. 논쟁이나 논증을 하려고하는 태도에는 자신의 주장만이 옳기 때문에 상대방을 설득시키거나 혹은 굴복시키려는 의도가 숨겨져 있기 때문이다.

칼 포퍼(Karl Popper, 1902~1994)는 『열린 사회와 그 적들』이라는 책에서 민주적이지 않고 폐쇄적인 사회에 대해 통렬하게 비판했다. 고인 물은 썩기 마련이다. 각 종교의 지도자들이 다른 종교나 사회의 다른 부분들과 대화하는 노력을 하지 않고 그저 정해진 교리와 제도의 틀 안에 신도들을 가두려한다면 그 종교는 이미 생명력을 잃은 것이다. 그리스도교나 불교나 이슬람과 같이 세계 굴지의 종교들이 오랫동안 번창하면서 찬란한 문화의 꽃을 피울 수 있었던 것은 열린 마음으로 다른 종교, 문화들과 교류했기 때문이었다. 물론 다른 종교에 대해 '전쟁'을 하는 가운데 같은 종교 내지는 교단 내의 결속력을 강화하는 경우도 있지만 설사 그렇더라도 그것은 단기간에 일어날 수 있는 현상에 불과하다. 닫혀진 가운데 수행되는 그러한 투쟁은 종교 조직 내의 창조적 역량을 떨어뜨리고 발전을 위한 정력을 고갈시킨다.

종교 간 대화와 협력이 중요하지만 그렇다고 그것이 여러 종교의 단순한 혼합으로 오해되어서는 곤란하다. 각 종교들이 가지는 교리, 체계, 전통, 문화의 특수성에 대한 충분한 이해 없이 표면적 교리들만 적당히 섞어 새로운 '통합 종교'를 만들어 내려는 시도들은 항상 실패했다. 이러한 설익은 혼합은 대부분 사이비 종교의 전형적인 수법이었고 교주를 절대화하는 데 이바지해 왔다. 인간의 영혼에 빛을 던질 수 있는 참된 종교는 공교한 이론만으로 이루어지는 것이 아니기 때문이다.

종교와 과학은 사이좋게 지낼 수 있을까?

창조론이 맞을까 진화론이 맞을까? 아마도 목사님은 창조론이 옳다고 말씀하실 것이고 과학 선생님은 진화론이 타당하다고 말씀하실 것이다. 그렇다면 우리는 어떤 것을 받아들여야 할까? 소민이는 교회를 다니니까 창조론을 받아들여야 하고 태영이는 교회를 안 다니니까 진화론이 옳다고 해야 할까? 그렇다면 창조론과 진화론의 차이는 그저 개인적 선택의 문제에 불과한가?

우리는 종교와 과학이 서로 어떠한 관계를 가질까 하는 문제를 생각할 때마다 흔히 갈릴레이(Galileo Galilei, 1564~1642)를 떠올린다. 종교 재판관 앞에서 비록 억압에 의해 자신의 주장을 포기하는 강요된 '고백'을 했지만 혼잣말로 "그래도 지구는 돈다."라고 중얼거리는 장면을 생각하곤 한다. 또는 과학 교과서에서 가르치는 진화론이 근거 없다고 주장하는 목사들이나 유전자 복제에 반대하는 신부들도 있고 종교적 이유에서 수혈받기를 거부하다 죽는 사람도 있다. 대부분의 경우 우리는 과학과 종교를 서로 상반되는 관계로 보거나 적어도 완전히 별개의 체계로 이해하는 경향이 있다. 사실 근대 이후 종교와 과학이 결별을 선언하고 오랫동안 떨어져 살아 왔다. 그런데 과연 과학과 종교 간의 관계가 이렇게 부정적이기만 한가? 그렇다면 가톨릭 신부이면서 진화론에 결정적인 기여를 한 멘델(Gregor Johann Mendel, 1822~1884)을 어떻게 이해해야 할까? 또한 중세 시대 수도원에서 발달했던 연금술이 근대 화학에 엄청난 기여를 했다는 사실을 어떻게 설명할 수 있을까?

사실 과학과 종교의 관계는 부정적이지만은 않다. 물론 대립적인 관계도 있지만 상보적이고 협력하는 관계도 있다. 이언 바버(Ian Barbour, 1923~)에 따르면 과학과 종교는 상충, 독립, 대화, 통합이라는 네 가지 종류의 관계를 가질 수 있다고 한다.* 이 네 가지 관계들을 차례로 살펴보기로 하자. 첫째로 과학과 종교가 상충되는 경우는 과학도 종교도 각기 극단적인 형태를 띠고 있을 때 생겨난다. 과학의 경우 우리가 감각하고 경험하는 구체적인 물질들만을 존재하는 것으로 인정하는 과학적 유물론을 채택하므로 신과 같은 비물질적인 개념들은 객관적으로 관찰하고 확인할 수 없기 때문에 모두 논의하기를 거부한다. 과학과 종교가 그 대상과 목적과 방법에 있어 서로 중복된다고 여겨질 때는 둘 중 하나는 버려지고 다른 하나만 채택되는 경쟁 관계에 있다고 받아들여진다. 따라서 과학과 종교는 그중 하나만을 선택해야 하는 양자택일의 관계가 된다.

---

* 종교와 과학 사이의 관계에 대한 이언 바버의 네 가지 모델은 마이클 피터슨 외, 하종호 옮김, 『종교의 철학적 의미』(이화여자대학교출판부, 2005), 377~405쪽 참조.

과학계의 경우 『코스모스』라는 책과 텔레비전 시리즈로 유명한 칼 세이건(Carl Edward Sagan, 1934~1996)과 사회주의 이론가들이 대표적인 경우들인데 이들은 모든 종교를 일고의 가치조차 없는 것으로 여긴다. 반면 종교계의 경우 자신들이 믿는 종교의 가르침과 경전에는 한 점의 오류도 있을 수 없다고 믿는 종교적 근본주의를 채택하고 자신들의 종교의 가르침과 다른 과학적 이론들은 단호히 거부한다. 그들은 어떠한 과학적이고 객관적인 근거도 받아들이지 않고 종교적 가르침만이 절대적 진리라고 믿는다. 미국의 일부 교단과 한국의 개신교에서 채택하고 있는 성경무오설(聖經無誤說)이 대표적인 경우인데 이들은 여자가 남자의 갈비뼈로 만들어졌다는 것과 예수가 물 위로 걸었다는 것과 같이 믿기 어려운 것들까지도 말 그대로 실제로 일어났던 것으로 받아들인다. 이들은 또한 성경에 나와 있는 표현 그대로를 비유적으로가 아니라 글자 그대로 이해하고 받아들인다는 점에서 성경적 직해주의이라고도 불린다. 이렇게 과학은 과학대로 극단적 유물론을 취하고 종교는 종교대로 극단적 근본주의를 택하는 경우 과학과 종교는 투쟁 이외에는 다른 방법은 찾을 수 없게 된다.

　둘째로 과학과 종교가 서로 독립되어 있는 경우이다. 이 모델에서는 과학과 종교가 서로 완전히 다른 분야에 종사하기 때문에 충돌할 필요가 없다고 주장한다. 그러나 또한 이들 간의 대화의 가능성도 없다고 본다. 과학과 종교는 그 목적과 대상과 방법에 있어 완전히 다른 세계이다. 과학은 세계에 대한 물리적 현상을 설명하는 것을 목적으로 하고 그 대상도 물리적 현상이며 방법도 논리적이고 구체적으로 증명을 하는 실증적인 방법을 택한다. 반면 종교는 무력한 인간이 세계에 대해 상대적으로 왜소한 자신의 모습을 깨닫고 이를 돌파하기 위해 벌이는 활동이라는 목적을 가지고 초자연적인 실체인 신을 대상으로 삼으며 계시와 같은 비이성적인 방법을 사용한다. 따라서 과학과 종교는 전혀 겹치는 부분이 없이 독자적인 영역이라고 생각한다.

개신교 신학자 카를 바르트(Karl Barth, 1886~1968)는 신학이 인간의 이성의 범위를 벗어나는 신의 계시를 다루고 과학은 관찰과 실험 등 합리적 과정을 통해 자연에 대한 탐구를 하기 때문에 서로 완전히 다른 분야들이라고 주장했다. 또한 유대교 신학자 마르틴 부버(Martin Buber, 1878~1965)는 과학은 사람과 물질과의 관계를 다루는 반면 종교는 사람과 신과의 관계를 다룬다는 점에서 과학은 나와 그것의 관계이지만 종교는 나와 너의 관계라고 주장했다. 즉, 종교는 인격적인 만남을 다루기 때문에 과학과 근본적으로 다르다는 것이다. 또한 실존주의자들은 과학은 자연적 대상들을 다루는 반면 종교는 인간의 실존이라는 영역을 다루기 때문에 그 고유한 대상에서 근본적인 차이를 보인다고 주장했다. 또한 비트겐슈타인(Ludwig Wittgenstein, 1889~1951)과 같은 언어 철학자들은 과학에서 사용되는 언어가 엄밀하고 경험적인 반면 종교의 언어는 특정한 태도와 신념을 유지하고 고취시키는 데 효과적인 특징이 있다고 보았다.

셋째는 과학과 종교가 서로 독자적인 영역을 가지고 있는 동시에 그들 간의 대화가 가능하다고 보는 입장이다. 과학과 종교는 서로 다르기 때문에 오히려 서로 보완해 주는 측면이 있고 그러한 보완의 관계가 바로 대화의 과정이다. 그런데 이언 바버에 따르면 이 대화는 두 가지 방법을 통해 이루어진다. 첫째 방법은 과학이 풀 수 없는 어려운 문제들에 종교가 여러 가지 설명을 제공하면서 이루어지는 것이다. 예를 들어 우주 발생에 관한 과학 이론인 빅뱅 이론에 의하면 세상의 모든 것은 가장 작은 점에서 확장되어 나왔다. 그런데 그 가장 작은 점은 어디에서 나왔고 어떠한 것인지 하는 질문에 대해 과학은 더 이상 답을 제공할 여력이 없다. 그저 가설로서 추측되었기 때문이다. 이러한 지점이 바로 과학이 답을 할 수 없는 한계 문제이다. 또한 과학이 탐구하는 대상들과 관련해서 발생하는 윤리적인 문제들에 대해 과학은 아무런 대답도 할 수 없다. 오히려 과학은 그러한 문제들에 대해 침묵해야 건전한 과학이 되는 것이다. 왜냐하면 과학은 가치 중립적이어야 하기 때문이다. 그런데 종교와 신학은 이렇게 과학이 침묵해야 하는 도덕적 문제들에 대해 자유롭게 발언한다. 예를 들어 인간 복제와 관련해서 과학 자체는 아무런 가치 평가를 할 수 없다. 그러나 종교는 이에 대해 여러 가지 말을 한다. 그런데 과학은 종교로부터 도움만 받고 아무것도 베풀지 못할까? 아니다. 과학은 종교에 대해 객관적인 사실을 있는 그대로 보고 여과 없이 전달해 주어 종교로 하여금 바른 판단을 하도록 도와준다.

과학과 종교가 대화를 나누는 둘째 방법은 방법론적인 유사성을 통해서이다. 객관적인 것으로 여겨져 왔던 과학이 점점 주관화되고 주관적인 것으로 보였던 종교가 점차 객관화되면서 과학과 종교 간의 차이가 그렇게 대단하지 않은 것으로 보이게 되었다. 사실 20세기에 들어서서 과학적 진리가 논리적 타당성이나 경험적 확실성이 아니라 효용성이나 견고한 신념 체계로 변하게 되었다. 실용주의적 경향의 발전으로 과학의 기준은 끝없는 실험을 통한 검증에도 살아남는 생명력 있는 가설로 바뀌었다. 또한 토머스 쿤(Thomas Kuhn, 1922~

1996)은 과학적 진리란 전문 과학자들이 믿고 있는 신념들의 덩어리라고 보았고 이를 '패러다임'이라고 불렀다. 그는 과학의 발전과 더불어 옛 패러다임이 더 이상 자연현상들을 설명할 수 없을 때는 새로운 패러다임이 나오고 옛 패러다임을 갈아 치운다고 주장했다. 이것이 유명한 과학혁명이다. 과학이 이렇게 가설과 패러다임으로 바뀌어가면서 객관적인 영역에 개인적인 관여가 침범해 들어오기 시작했고 절대적 진리는 상대적 체계로 바뀌게 되었다. 또한 종교도 점차로 객관적이고 체계적인 모습을 가지게 되면서 과학과 종교의 차이는 허물어져 갔다. 낡은 종교 체계가 도태되고 새로운 종교 체계로 바뀌는 과정도 과학의 발전과 닮았다.

넷째는 과학과 종교가 대화의 차원보다 더 가깝기 때문에 이 둘은 통합되어야 한다고 주장한다. 이언 바버는 세 가지 종류의 통합이 가능하다고 보았다. 첫째, 전통적인 자연신학(natural theology)에 의해 통합되는 경우이다. 신의 계시나 신비적 경험보다는 이성적인 추론 과정을 통해 자연을 탐구하고 그러한 탐구의 결과로 신에 대해 알 수 있다고 주장한다. 즉 과학적 탐구에서 시작하지만 자연스럽게 신학적 탐구로 흘러간다는 것이다. 인간을 포함한 세상의 모든 것들은 각각 고유한 목적을 가지고 태어났다는 목적론이 흔히 이 자연신학에 쓰인다. 둘째, 자연의 신학(theology of nature)에 의해 통합되는 경우이다. 과학에서 신학으로 진행되는 전통적인 자연신학과는 달리 최신 과학 이론에 의해 종교를 해석하고 신학적 체계를 세운다. 따라서 자연신학보다 종교와 과학 간의 관계가 가까워질 수 있다. 자연현상이 가지는 규칙성과 질서가 바로 신의 활동이기 때문에 바로 과학적 탐구에 의해 신학을 만들어 낼 수 있다고 믿는다. 셋째, 체계적 종합(systematic synthesis)이다. 하나의 커다란 통합적인 세계관을 제시하고 그 안에서 과학적 체계와 신학적 체계를 종합하고 있다. 화이트헤드(Alfred Whitehead, 1861~1947)라는 철학자는 그의 과정철학을 전개하면서 중세적 자연관과 근대적 자연관이 같이 종합되는 커다란 전체적 체계를 만들었다.

"아는 것이 힘이다."라는 말로 유명한 영국의 경험주의 철학자 베이컨(Francis Bacon, 1561~1626)은 "보잘 것 없는 천박한 지식은 인간의 정신을 무신론으로 기울게 하지만 지식을 쌓아가다 보면 정신은 다시 종교로 되돌아온다."고 말했다. 이 말은 근대 초기에 중세의 종교적 억압으로부터 과학을 해방시키고자 노력했던 근대의 선두 주자가 직접 한 말이라는 점에서 더욱 놀랍고 신선하다. 그는 네 가지 우상에 대해 비판하면서 이성과 과학의 힘을 신뢰할 때에도 과학과 종교가 적대적인 관계만은 아니라는 점을 분명히 한 것이다. 20세기 말 지나친 이성 중심주의에 대한 비판이 힘을 얻게 되면서 종교와 과학 사이의 단절되었던 연결 고리들이 다시 회복되고 있다. 우리는 진화론과 창조론 사이에서 하나만을 선택할 필요가 없을 수도 있다. 과학적 탐구는 세계에 대한 기계적인 설명에 만족하는 한편 종교적인 추구는 세계에 대한 인격적 설명으로 이루어진다. 과학과 종교는 얼마든지 같이 갈 수 있다. 그러나 이때 다만 우리가 경계해야 하는 것은 이 둘을 성급하게 엮어서 얼치기 잡탕찌개를 만드는 일이 될 것이다.

종교는 우리가 사는 사회에서 어떤 의미를 가질까?

종교는 사회적 현상이나 정치적 이슈들에 대해 나서지 말고 사회가 스스로 알아서 해결하도록 지켜보아야만 하는가? 아니면 사회의 구체적 문제들에 적극적으로 참여해서 개혁하고 자신의 목소리를 키워 나가야 하는가? 목사님이나 스님은 자신들이 버는 수입에 대해 세금을 내야 하는가? 내가 내는 헌금이 교회 내에서 쓰이는 것이 바람직한가 아니면 난민 구조와 같은 사회 활동에 쓰이는 것이 더 바람직한가? 흔히 성과 속이라고 불리는 종교 집단과 사회의 구분은 어떠한 의미를 가지는가? 서로 완전히 분리되어 있는가? 성이 속 위에 있는가? 아니면 반대로 속이 성 위에 있는가? 혹은 성과 속은 분리될 수 없이 밀접하게 연결 혹은 결합되어 있는가? 성과 속이 명확히 구분되어 정치적 권력이 종교 집단에 영향을 미치지 못하는 것이 과연 어떤 의미가 있을까?

이 모든 질문들은 사실 종교와 사회 간의 관계에 관한 물음이다. 성과 속이 분리되어야 하는가 아니면 결합되어야 하는가 하는 문제는 간단히 대답할 수 있는 문제는 아니다. 각각 여러 가지 장단점들이 있기 때문이다. 사실 독재 정권의 절대적 권력도 어쩔 수 없었던 명동 성당의 '치외 법권'은 1960~70년대의 한국의 지성과 양심을 대변하였다. 임진왜란 때의 승병의 활동은 위기에 처한 국가를 구했을 뿐 아니라 호국 불교의 전통을 만들어 냈고 3·1운동 때의 종교 대표 33인으로 이어졌다. 그러나 종교의 자율성을 이용해 자신의 종교 집단 내에서 살인, 강간과 같은 비도덕적일 뿐 아니라 명백한 범죄 행위를 벌이는 일부 사이비 종교 집단의 경우는 성과 속의 분리가 가지는 문제점으로 대두되었다.

"가이사의 것은 가이사에게로 하느님의 것은 하느님에게

로"라는 표현을 빌미로 세상과 떨어져서 개인의 구원에만 매진하는 사람들도 있다. 개신교 일부에서는 기도할 때 일주일 동안 세상에서 지은 죄를 회개하고 교회를 성스러운 곳이라 하여 일반 사회와 구분 짓고 있다. 반면 어떤 종교 집단에서는 고아원이나 유치원, 학교와 같은 교육 사업, 사회사업뿐 아니라 신문사, 의류 회사, 음료수 회사 등 일반적인 수익 사업을 벌이기도 한다.

개인적인 차원에서 신과의 일대일 관계를 강조하는 경우 그 자체로만 볼 때는 순수한 종교 행위로 볼 수 있다. 그는 신이 명하는 대로 정직하고 성실하며 남을 배려하고 돕는 생활을 충실히 할 수 있다. 그러나 종교라는 집단의 차원으로 가면 집단적 이기심의 노예로 전락하는 경우가 있다. 즉, 개인적으로는 도덕적이지만 집단끼리의 대립 구도가 되면 도덕보다는 자신이 속한 집단의 이익을 먼저 추구하게 된다는 것이다. 이 점이 바로 니부어(Reinhold Niebuhr, 1892~1971)가 그의 책 『도덕적 인간과 비도덕적 사회』라는 책에서 지적한 점이다. 그는 이 책에서 종교란 "절대자 앞에서의 겸손인 동시에 절대자를 빙자한 자기주장"이라고 표현했는데, 이는 종교적 인간들이 개인적 차원에서는 신실하고 도덕적이지만 사회적 차원에서는 자신의 종교 집단의 이익을 위한 냉혹한 결정들을 하게 된다는 점을 지적하고 있다. 수많은 인디언들을 학살하고 흑인 노예들을 착취했던 사람들이 개인적으로는 신앙심이 투철했던 기독교인들이었다는 점은 우리들에게 많은 점들을 시사해 준다. 개인적으로는 한 번도 본 적이 없는 사람들의 영혼을 구하기 위해 죽음을 무릅쓰고 오지에 가서 활동을 한 슈바이처 박사나 아펜젤러 목사의 신앙심은 존경받아 마땅하지만 선교 활동이 서구 열강들의 식민지 침탈의 교두보 역할을 했다는 점은 부인할 수 없다.

종교와 사회의 관계를 보는 두 가지 극단적인 시각이 있을 수 있다. 하나는 종교와 사회가 완전히 다른 차원의 문제이기 때문에 종교에 대해 사회학적으로 연구하는 접근 자체가 불가능하다고 보는 입장이다. 이러한 주장을 하는 사람들은 종교란 인간의 가장 깊은 곳에 있는 초월적 부분들과 관련되기 때문에 일반 사회적 현상들과 같이 다루어서는 안 된다고 주장한다. 또 종교를 단순히 객관적으로만 파악하려는 사회학적 방법은 종교에 있어 눈에 보이지 않는 정신적이고 추상적인 측면들을 놓칠 수밖에 없다고 말한다. 이들은 대부분 단순하고 열정적으로 종교에 헌신하기 때문에 자신들의 종교를 포함한 종교 일반이 다른 사회적 현상들처럼 다루어지는 것에 대해 실망하고 분개한다. 이런 사람들은 자신의 종교를 이해하려면 그 종교를 믿어야 한다고 생각하기 쉽다. 그들은 믿기 전에는 알 수 없는 것이 자기 종교가 가지는 진리라고 주장한다. 심지어 어떤 성직자는 자신의 종교에 대해 비판하는 사람에 대해 그 종교에 소속되어 있지 않기 때문에 비판할 자격이 없다고 항변하기도 한다. 그러나 한 종교의 내부에서도 서로 다른 이해가 가능하다는 사실을 생각한다면 그들의 주장이 설득력이 없다는 것을 이해할 수 있을 것이다. 사실 같은 교회나 절 안에서도 신도들 간에 혹은 신도와 성직자들 간에 이해의 차이가 존재한다. 그리고 바로 이 때문에 교단이 계속 나누어지고 있기도 하다.

다른 하나는 종교는 그저 사회의 한 현상에 불과할 뿐 종교가 가지는 독특한 지위 따위는 없다고 주장하는 입장이다. 따라서 이 주장을 채택하는 사람들은 종교에 대해 얼마든지 객관적이고 계량적인 접근이 가능하다고 말한다. 이들은 종교가 인간의 가장 본래적인 욕구에서 온 것이 아니라 그저 사회의 부수적인 제도들 중 하나에 불과하다고 주장한다. 그래서 그들은 종교가 가지는 역사적, 사회적, 경제적 측면들에 대한 객관적인 연구를 통해 종교가 충분히 이해될 수 있다고 믿는다. 이러한 입장은 주로 무신론자들에게서 많이 발견된다. 그러나 이들은 종교에 대한 것들을 지나치게 유형화하려고 시도

하는 가운데 종교가 가지는 정신적인 가치들을 놓칠 수 있다.

이러한 두 극단적인 입장들은 각기 지나치게 주관적이고 혹은 지나치게 객관적인 단점들이 있다. 지나치게 주관적이어서 종교가 가지는 일반성을 보지 못할 수가 있고 또한 지나치게 객관적이어서 종교만이 가지는 특수한 부분들을 지나칠 수 있다. 따라서 종교에 대한 균형 있는 시각을 위해서는 주관적인 입장과 객관적인 입장이 서로 조화를 이룰 필요가 있다.

종교 사회학이란 사회학의 일종으로 종교가 사회 내에서 어떠한 의미와 관계들을 가지는지에 대해 연구하는 학문이다. 종교의 사회적 의미를 다룬다는 점에서 종교 사회학은 종교를 사회 체계의 한 하위 부문으로 보고 사회학적 방법론을 이용하여 종교적 행위, 제도와 같은 종교적 현상들을 설명하려는 노력을 한다.

종교 사회학은 사회학의 발달과 더불어 시작됐다. 오히려 사회학 자체가 종교적 관심에서 발생한 것이라고 보아도 무방할 것이다. 종교 사회학이 발생한 계기는 대체로 다음 두 가지로 볼 수 있다. 첫째, 산업화와 도시화에 따라 사회 체제들이 분화되었고 그들 간의 관계가 불분명하게 되었다. 특히 종교와 각 사회 제도들 간의 관계를 규명할 필요가 생겨났다. 둘째 인류학의 발전과 더불어 서구 사회에서 아시아, 아프리

카, 아메리카에 대한 관심이 증대됐다. 이러한 다른 문명에 대한 연구와 이해에는 그들의 종교에 대한 이해가 필수적이어야 했다. 종교적 체계 자체가 너무나도 달랐기 때문이었다.

이러한 계기로 발생한 종교 사회학은 세계 제2차 대전 이전까지는 교회의 사회사업을 보조하기 위한 수단에 불과했다. 교회가 선교나 자선 사업과 같은 사회적 활동을 하는 데 있어 각종 정보를 제공했고 시대와 장소에 따라 다른 종교적 생활의 차이에 대해 연구했다. 따라서 이 시기의 종교 사회학은 상당히 실천적이었다.

제1차 대전 이후 사회학계에서 특정 종교가 중심적 지위를 상실하기 시작했고 제2차 대전 이후에는 그러한 경향이 확고하게 자리 잡게 되었다. 그리하여 사회학계에서 종교를 연구하는 종교 사회학은 특정 종교의 입김에서 자유로운 객관적이고 학문적인 분위기를 확보하게 되었다. 이때부터 종교 사회학은 사회학의 한 분야로 확실하게 자리매김하였다.

종교는 인간 존재의 세 가지 기본적 특성인 불확실 혹은 우연성, 무력성, 희소성 때문에 필요하다. 여기서 인간의 이러한 부정적인 특성 내지는 단점들을 메워 줄 존재가 필요하게 되는 것이다. 이것이 바로 종교적 권위이다. 그런데 종교적 권위는 한 종교 내에서만 작용하는 것이 아니라 사회적 영역에까지 세력을 확대한다. 왜냐하면 그 종교를 믿는 신도들은 그 종교 내에서는 신앙인이지만 그와 동시에 그들이 속한 사회의 일원이기 때문이다. 사실 신앙인으로서의 행위가 사회 구성원으로서의 행위와 완전히 분리되는 것은 아니다. 그리스도인으로서 낙태에 반대하는 공화당에 표를 던지는 많은 유권자들의 행위는 미국에서 종교와 정치의 관계를 보여 준다.

그런데 종교 사회학에서는 종교의 사회적 의미와 역할에 대해 다음과 같이 말한다. 종교는 제도화된 인간 행위의 한 형태이고 한 사회 내의 문화적 현상의 한 측면이다. 그런데 사회의 한 부분으로서의 이러한 종교가 사회와 어떠한 상호 작용을 주고받는가? 종교는 인간들로 하여금 자신들이 사는 사회에 대한 권위를 인정하게 하고 따르게 하여 사회를 보존케 하고 인간 각자 혹은 사회의 가치를 만들어 준다. 공인된 가치 체계를 만들어 주고 유지하게 함으로써 사회 질서를 유지하게 돕는다. 따라서 종교는 사회의 전통과 밀접한 관계를 갖는다. 이것이 종교가 가지는 보수적 기능이다. 이러한 보수적 기능은 사회와 정치권력과 타협하고 협조하며 심지어 기생하는 형태로 나타나기도 한다. 예를 들어 일제 강점기에 신사 참배에 협조하고 1980년 쿠데타 이후 군부 세력을 위해 '구국 조찬 기도회'를 열었던 개신교 지도부나 북한의 독재 정권의 선전 도구로 전락한 일부 종교 집단의 행태가 그 소극적인 형태이다. 또는 얼마 전 우익 단체들과 같이 시청 앞에서 이념적 정치 집회를 열었던 일부 개신교단들의 활동에서 보여지는 바와 같이 직접적인 정치 참여도 있다. 그리고 낙태 반대 운동과 같이 사회적 문제에 초점을 맞추는 경우도 있다.

그러나 다른 한편 종교는 기존 사회의 가치관에 대해 저항하고 변화시키려는 기능도 가지고 있다. 신의 이름으로 정치 권력에 대항하여 싸우는 역할을 하기도 한다. 소극적으로는 일제에 협조하지 않고 지조를 지켰던 만해 한용운의 생애가 좋은 예가 된다. 적극적인 것으로는 한때 남미를 휩쓸었던 해방신학이 있는데, 이는 성서의 출애굽기에 나오는 사건들을 부패한 권력에 대한 저항의 메시지로 해석하고 억압받는 민중들의 해방을 위해 투쟁할 것을 가르쳤다.

종교 사회학에서는 사회에 대한 종교의 기능을 다음과 같이 여섯 가지로 말하기도 한다. 첫째, 종교는 사회의 질서와 체계를 지지하고 소외된 자들을 위로하며 사회 내의 갈등을 화해시키는 역할을 한다. 둘째, 종교는 사회의 안전을 위해 봉사하고 사회의 가치와 이념을 통일해서 구성원들을 일체화하며 그들에게 준거점을 만들어 준다. 이는 사제적 기능을 통해 사회의 안정과 질서를 유지하는 현상 유지의 기능이다. 셋째, 종교는 기존 사회의 규범과 가치를 성스럽게 만든다. 이를 통해 정치권력의 사회 통제에 기여한다. 넷째, 종교는 예언자적 기능을 가지고 부패한 권력에 대항하는 사회적 항거의 기능도 가지고 있다. 다섯째, 종교는 개인뿐 아니라 사회의 일체화를 통해 개인과 사회를 성숙시키는 기능을 가지고 있다. 여섯째, 신이나 종교의 명령으로 사회 구성원들에게 도덕적 행위를 따르게 하는 윤리 강화의 기능이 있다.

　종교와 사회는 서로 같은 것도 아니고 그렇다고 완전히 독립되어 있는 것도 아니다. 성과 속은 서로 긴장 관계를 가지기도 하지만 동시에 서로 협조하는 면도 있다. 내가 종교를 믿건 안 믿건 종교는 우리 사회에서 중요한 부분 중 하나이다. 따라서 종교와 사회 간의 건강한 관계를 만들어 나갈 필요가 있다. 성과 속 각각의 독자적 영역은 인정하되 사회와 종교 간의 상호작용의 여러 측면들을 적극적으로 수용해야한다. 자신뿐 아니라 다른 사람들의 종교적 활동에 대한 자유를 충분히 인정하는 것도 중요하지만 반면 그러한 종교적 자유가 가져오는 사회적 영향에 대해서도 고려해야 할 것이다. 내 교회에서 부르는 찬송가가 이웃 학생들의 학습을 방해할 수 있고, 내 절에서 피우는 향이 이웃집 사람들에게 알레르기 반응을 일으킬 수도 있기 때문이다.

8

신화는 무엇이고
우리에게
어떤 **의미**가 있을까?

'신화'라는 말을 생각하면 무엇이 제일 먼저 떠오를까? 2002년 대한민국을 열광의 도가니로 몰아넣었던 월드컵 4강 진출이라는 '신화'를 이룩했던 기억을 말할 수 있을 것이다. 혹은 "그것은 과학적 엄밀성을 추구하는 현대에 맞지 않는 신화적인 발상에 불과해."라는 말에서처럼 비과학적인 어떤 것을 가리킬 수도 있을 것이다. 그런데 이 여러 가지 말들에서 '신화'라는 말이 가지고 있는 공통적인 점들은 무엇일까?

 신화는 우리가 "새로운 신화를 쓴다."라고 말할 때처럼 기적을 의미하기도 한다. "꿈은 이루어진다."라는 16강의 염원을 달성하고 그것도 모자라 4강이라는 아시아 최고의 기록을 세운 2002년 월드컵은 우리에게는 하나의 기적이었다. 이때 우리는 이러한 사건들을 기꺼이 '신화'라고 부른다. 기적과 같은 일들을 가리키는 말이다.

한편 신화라는 말은 부정적인 의미로도 사용된다. '신화적'이라는 말은 시대착오적이고 애매모호하며 주관적이기도 하고 비과학적인 것을 가리킬 때 쓰이기도 한다. 우리는 "너는 단군 신화가 실제로 있었던 것 같니? 어떻게 곰이 인간이 될 수 있지?"라는 말이나 "큐피드의 화살을 맞고 사랑에 빠진다고 생각하는 것은 21세기와 같은 고도의 과학 시대에는 얼토당토않은 이야기에 불과해."라고 말하는 것을 들을 수 있다. 이처럼 신화는 꾸며 낸 이야기나 근거 없는 사회적 통념을 의미하기도 한다.

그렇다면 '기적' 혹은 '근거 없는 이야기'라는 의미로 쓰이는 '신화'라는 말이 가지는 원래 의미는 무엇일까? 그것은 '귀신 신(神)'과 '말할 화(話)', 즉 신화(神話)라는 한자어가 원래 뜻하는 바로 '신에 관한 이야기'이다. 우리가 '그리스 로마 신화'나 '단군 신화'를 말할 때 이러한 의미로 쓴다. 그런데 신화는 단지 신에 대한 이야기일까? 신에 대한 이야기이면 모두 신화라고 부를 수 있을까? 만약 그렇다면 대부분의 종교적인 책들이나 교리들도 신화라고 불러야 할 것이다. 또한 철학에서 신과 종교를 다루는 부분인 종교 철학도 신화라고 불러야 할 것이다. 그러나 아마도 그렇다고 말할 사람을 별로 없을 것이다. 그렇다면 신화는 대체 무엇인가?

신화는 자연과 세계, 우주와 인간 자신을 이해하는 일종의 신념 체계이다. 이는 최초의 사건과 기원, 자연적 현상들과 사회적 현상들의 질서, 그리고 신들과 인간들 간의 관계를 설명해 준다. 유명한 신화학자인 엘리아데(Mircea Eliade, 1907~1986)는 신화를 '성스러운 역사'라고 불렀다. 또 다른 신화학자인 캠벨(Joseph Campbell, 1904~1987)은 '인생의 경험과 인간의 내면에 이르는 길을 보여 주는 이야기'라고 설명한다.

그런데 신과 인간, 세계와 우주에 대해 설명하는 이야기는 모두 신화라고 말할 수 있을까? 그렇다면 신화와 철학은 같은 것이라고 말해야 할까? 왜냐하면 철학은 인간, 세계, 우주, 신과 같은 근본적인 것들에 대해 묻고 대답하는 활동이기 때문이다. 아리스토텔레스가 지은 『수사학』이라는 책은 말을 효과적으로 하여 남을 설득하는 방법을 설명하고 있다. 그런데 여기서 그 방법에 있어 세 가지 부분들을 나누고 있는데 그것이 로고스(logos), 파토스(pathos), 에토스(ethos)이다. 여기에 신화를 뜻하는 미토스를 하나 더 추가하면 고대 그리스 문화 전체를 이해하는 중심적인 개념들이 된다. 로고스는 이성을 의미하는 것으로 철학이나 과학을 가리킨다. 파토스는 감정을 의미하는 것으로 문학이나 예술과 관련된다. 에토스는 관습을 뜻하는 것으로 도덕, 윤리, 정치에 해당된다. 미토스는 이야기를 뜻하는 것으로 신화에 해당된다. 여기서 철학과 과학을 의미하는 로고스는 인간과 세계, 우주와 신에 대한 합리적인 설명을 추구한다. 논리적인 규칙이나 관찰된 사실과 부합되는 것들만이 이 영역에 들어올 수 있다. 그러나 신에 대한 이야기를 뜻하는 미토스는 이러한 합리적인 규칙이나 사실적 세계에서 자유롭다. 따라서 때로는 허무맹랑한 내용을 포함할 수 있지만 마음껏 상상의 나래를 펼 수 있다는 장점도 있다. 로고스와 미토스는 둘 다 인간이 세상을 살면서 경험하는 놀라움과 의문들에 대해 나름대로 대답을 하려는 노력에서 나왔다. 철학과 신화 모두 자신과 자신을 둘러싼 세계에 대한 설명들의 체계인 것이다. 그러나 로고스는 이성의 규칙을 따르는 반면 미토스는 그럴 필요가 없다는 점에서 서로 다르다.

그런데 이야기에는 신화 말고도 전설이나 동화, 그리고 우화가 있다. 이것들은 서로 어떻게 다를까? 영어에서 말하는 전설(Legend)은 영웅에 관한 이야기이다. 그리고 우리나라의 전설(傳說)은 전해 내려오는 이야기이다. '전설의 고향'에서 나오는 귀신 이야기 같은 민담이 이에 속한다. 동화 또는 옛날이야기(fairy tale)는 풍부한 상상력으로 만들어진 이야기임에는 틀림없지만 반드시 신에 관한 이야기는 아니다. 우화(fable)는 동물이나 기타 비유적인 표현들을 통해 도덕적인 교훈을 주는 이야기로 반드시 신적인 주제일 필요는 없다. 우리가 어릴 적 많이 읽던 이솝 우화가 대표적이다. 이에 반해 신화는 주로 신들에 관한 이야기이다. 등장인물들이 주로 신들이고 신들의 탄생과 그들의 계보, 신들 간의 관계 혹은 인간과 신들 간의 관계, 자연 현상들이 어떻게 신들과 관계되는지 설명하고 있는 것이 신화이다.

신화에는 여러 종류들이 있다. 첫째는 **순수 신화**로 자연 현상들을 설명하는 기본적인 역할 외에도 신과 인간들 사이의 관계들을 설명한다. 원인론적 신화가 대표적인 예인데 이는 상상력에 기반해서 자연 현상들을 설명하는 신화적 우주 발생론(宇宙發生論)이 있다. 이는 자연적 현상들의 기원뿐 아니라 인류의 기원, 우주 속에서의 인간의 의미에 대해 설명해 준다. 창세기의 창조 이야기나 헤시오도스의 『신통기(Theogony)』에 나오는 신들의 탄생 이야기가 대표적이다. 우주가 어떻게 발생되었고 어디로부터 나왔는가에 대한 설명은 다양하다. 고대 이집트 신화나 성서에서와 같이 창조 전에는 아무것도 없었고 신이 무(無)로부터 세상의 모든 것들을 창조했다고 설명하는 경우도 있고 신이 혼돈스러운 우주에 질서를 부여했다고 하는 설명도 있으며 흙, 공기, 물, 불, 빛, 어두움, 태양과 같은 기본적 물질이나 요소들로 만들었다고 하는 설명이나 신이 자신의 신체의 일부분에서 우주를 만들어 냈다고 하는 설명도 있다. 또한 커다란 우주의 알이 있어서 그 알에서 모든 것이 부화되어 나왔다고 하는 설명이나 신이 다른 신들이나 인간들 혹은 동물들의 도움을 받아 창조했다고 하는 설명도 있다. 태초에 거대한 물새가 있어 이 물새가 날아가는 길 위에 모든 것들이 생겨났다고 하는 것이 마지막 유형 중에서 흥미로운 예이다.

그 외에도 원인론적 신화는 여러 기능을 담당한다. 그리스 신화에 나오는 상당히 복잡한 신들의 계보는 단순히 한 집안의 족보에 지나지 않는다고 할 수 없다. 이는 하늘의 별자리가 어떻게 생겨났는지 설명해 주고 트로이 전쟁이라는 역사적 사건이나 산, 바다 등과 같은 자연물의 유래들을 설명해 준다. 또한 특정한 민족의 이름이나 지명의 유래를 설명해 준다. 하늘의 신인 우라노스의 많은 자손들 중에서 시간의 신인 크로노스가 정권을 빼앗고 다시 자신의 아들인 번개와 불을 무기로 쓰는 제우스가 신들의 왕이 되는 이야기에서 우리는 하늘,

시간, 불이라고 하는 결정적 권력의 흐름을 이해할 수 있다.

합리적 규칙에 얽매이지 않고 마음껏 상상력을 발휘했던 신화적 우주 발생론은 그 후 이성적 추론에 근거한 철학적 우주 발생론으로 바뀌게 되고 또다시 경험적 관찰에 근거한 과학적 우주 발생론으로 발전하게 되었다. 그런데 과학적 우주 발생론에 있어 최신 이론 중의 하나인 빅뱅 이론이 그 기본적 발상에 있어서는 세상의 모든 것들이 카오스라고 하는 커다란 구멍에서 나왔다고 설명하는 그리스 신화의 설명과 비슷하다는 점은 아주 흥미롭다.

둘째는 **영웅 신화** 혹은 영웅담으로 역사상 위대한 인간들을 추앙하고 그들을 신 내지는 반신(半神)으로 만든다. 호메로스의 『일리아드』와 『오디세이』에 나오는 대부분의 영웅들은 신도 아니고 인간도 아닌 중간 정도의 존재로 여겨졌다. 영원히 죽지 않는 신과는 달리 죽을 수밖에 없는 운명을 가진 점에서는 인간임에 틀림없지만 초인적인 능력을 가졌다는 점에 있어서는 보통 인간들과는 다르다. 많은 경우 영웅들은 인간과 신들 사이에서 태어났다. 최고의 달리기 실력을 가진 아킬레우스는 바다의 여신 테티스와 펠레우스 왕 사이의 아들이었고 헤라클레스는 제우스와 알크메네 사이에서 태어났으며 페르세우스는 제우스와 다나에 사이의 아들이었다.

영웅에도 종류가 있는데 첫째는 베어울프나 헤라클레스와 같이 모든 사람들을 괴롭혀 왔던 괴물을 처치하는 영웅이 있다. 이는 가장 원시적인 형태의 영웅으로 인간들의 걱정거리들을 처리해 주는 존재로 추앙받았다. 둘째는 아킬레우스와 같이 자신의 명예를 위해 싸우거나 헥토르와 같이 국가를 위해 죽음을 두려워하지 않고 싸우거나 아이네이아스와 같이 왕조나 국가를 처음으로 세우는 전쟁 영웅이 있다. 셋째는 죽음을 극복하기 위해 긴 여행을 했던 길가메시와 같은 형이상학적 영웅이 있다.

영웅 신화는 왕이나 위대한 전사들을 신격화하고 본받아야 할 인간의 모범으로 제시된다는 점에서 교육적인 효과가 많다. 또 한 민족이나 사회의 가치와 이념을 구체화한다는 점에서 정치적이고 역사적인 의미가 많은 유형의 신화이다. 우리가 어릴 적 위인전을 읽고 그 책에 나오는 사람들을 자신이 닮아야 할 사람으로 마음속에 새겼던 것처럼 고대 사람들도 신화 속 영웅들을 자신들이 본받아야 할 사람들로 생각했다. 사실 고대 그리스에서 모든 시민들은 호메로스의 『일리아드』와 『오디세이』를 전부 암기해야 했을 정도로 교육에 있어 가장 기초적인 교재였던 것이다.

셋째는 **민담**이다. 이는 순전히 환상적인 충동에서 나와서 마음껏 상상의 날개를 편다. 주로 재미 때문에 만들어지고 전해 내려오지만 아주 의미가 없는 것은 아니다. 이는 여러 세대를 거쳐 내려오면서 각색되어 다듬어진다는 점과 집단적이고 상상력이 풍부하다는 점에서 문학적 가치가 있다. 이는 사회라는 집단의 집단적 무의식을 반영하고 있고 시와 같은 문학적 작품들의 주요한 소재 내지는 기원이 된다.

넷째는 **상징적 이야기**(symbolic story)인데, 추상적이고 철학적인 내용을 담고 있다. 문화가 발달하면서 철학적, 종교적 교훈을 주는 우화가 발생하기도 하고 또는 기존의 신화가 우화로 발전하기도 했다. 플라톤이 사용한 동굴의 비유나 사랑의 신에 관한 이야기 같은 여러 가지 비유나 예수의 사마리아인의 비유가 그 대표적인 예들이다.

다섯째는 **사랑 이야기**이다. 영웅과 같은 신화 속의 등장인물들은 한 여인들을 위해 자신의 목숨까지도 버릴 정도의 열정을 보이기도 하는데 이러한 유형은 나중에 로맨스로 발전하기도 한다.

사실 이러한 다섯 가지 종류의 신화들은 내용상의 특징들로 분류한 것에 불과하다. 실제 신화들은 따로따로 존재하는 것이 아니라 이러한 종류들이 서로 결합되어 나타난다. 예를 들어 호메로스의 『일리아드』와 『오디세이』에는 영웅담도 있고 로맨스도 있다. 헤시오도스의 『신통기』에는 순수 신화도 있지만 상징적 이야기도 존재한다. 우리는 단군 신화를 어떠한 유형으로 분류할 수 있을까?

그런데 우리는 왜 신화를 읽고 공부하는가? 때로는 얼토당토않는 오래된 이야기들이 현대에 무슨 소용이 있을까? 신화라는 비이성적이고 비과학적인 이야기들은 그것이 비이성적이고 비과학적이기 때문에 오히려 가치가 있다. 그것은 바로 풍부한 상상력이다. 이러한 상상력은 창조적인 능력을 길러준다. 따라서 신화는 오랫동안 교육에 있어 필수적인 부분으로 이용되어 왔다. 그리고 신화 속의 많은 이름들과 아이디어들은 학문의 여러 분야에 그대로 이용되었다. 특히 천문학과 생물학, 심리학은 신화 속 이름들을 사용하는 경우가 많다. 예를 들어 태양계를 이루는 아홉 가지 행성의 이름은 대부분 로마 신화에서 온 것이다. 그래서 수성은 전령의 신인 머큐리, 금성은 미의 여신인 비너스, 화성은 전쟁의 신인 마르스, 목성은 제우스의 로마 이름인 주피터, 토성은 시간의 신인 새턴, 천왕성은 하늘의 신인 우라노스, 해왕성은 바다의 신인 넵튠, 명왕성은 지하 세계의 신인 플루토이다.

또한 신화는 그 풍부한 상상력과 창조력 때문에 문학과 예술에 널리 이용되어져 왔고 따라서 문학과 예술을 이해하기 위한 필수적인 요소가 되었다. 호메로스와 헤시오도스와 같은 그리스 신화 작가들, 아이스킬로스, 소포클레스, 에우리피데스, 아리스토파네스와 같은 그리스의 희극, 비극 작가들, 핀다르, 오비디우스와 같은 로마의 작가들, 초서와 같은 중세의 작가들뿐 아니라 제임스 조이스 같은 현대의 작가들을 이해하기 위해서는 신화가 필수적이다. 이뿐 아니라 보티첼리의 「비너스의 탄생」과 같은 미술 작품은 신화에 대한 기본적 이해가 없으면 감상하기가 어렵다. 헤르메스, 아폴론과 같은 그리스 시대의 조각들도 신화에 대한 이해가 있어야 제대로 감상할 수 있다.

신화는 상상력의 보고이다. 따라서 신화는 영화, 애니메이션, 게임에도 이용되어 왔다. 또한 각종 상품 이름이나 회사, 상표 이름, 광고에 사용된다. 신발 상표인 나이키는 승리의 여신이고, 옷 상표인 옴파로스는 제우스 대신 크로노스에게 삼켜졌다가 나온 돌로 아테네의 델포이 신전에 모셔져 있는 세계의 중심이다.

오늘날 우리는 신화를 어떻게 이해하고 받아들여야 하는가? 그것은 단지 옛날이야기만도 아니고 문학이나 신화의 재료만도 아니다. 신화는 종교, 철학, 문학, 예술, 과학 등 모든 인류 문화의 요소들이 녹아 들어가 있는 총체이다. 따라서 우리는 오케스트라를 감상하듯 신화를 보아야 할 것이다. 지적인 이해도 필요하지만 감성적이거나 사회·역사적인 이해도 필요하다. 앞서도 말했듯이 신화 속의 비이성적 요소들은 신화의 단점이자 장점이다.

신화는 과거의 전통적 세계관과 믿음을 전달해 주는 역할을 담당한다. 또한 신화는 우리 사회의 가치관과 집단적 상상력을 반영해 준다. 그뿐 아니라 신화는 우리가 미래에 대해 꿈꾸는 정신적이고 문화적인 염원을 담고 있다. 따라서 신화는 수천 년을 살아왔고 현재와 미래를 살아가는 하나의 거대한 동물과 같다.

다만 우리가 신화를 이해할 때 주의해야 할 점은 그 신화가 담고 있는 시대적인 한계를 이해해야 한다는 점이다. 신화의 내용을 지나치게 있는 그대로 믿고 받아들이는 태도는 위험하지만 지나치게 비판적으로 바라보고 비난하는 것도 바람직한 태도는 아니다. 신화가 대부분 고대 사회부터 내려온 가부장적인 전통을 반영하고 있기 때문에 여성에 대한 남성의 우월함을 담고 있다. 신화 속 여성들은 보조적인 역할이나 남성의 의지를 관철시키기 위한 대상으로만 여겨지고 있는 것도 많다. 이러한 성차별적인 요소들에 대해서는 비판적으로 분석하고 극복하도록 노력해야 할 것이다.

더 읽어 볼 책들

- 노르만 가이슬러, 위기찬 옮김, 『**종교 철학**』(기독교문서선교회, 1982).

- 김현태 엮음, 『**종교 철학**』(분도출판사, 1996).

- 버트란트 러셀, 송은경 옮김, 『**나는 왜 기독교인이 아닌가**』(사회평론, 2005).

- 베른하르트 벨테, 오창선 옮김, 『**종교 철학**』(분도출판사, 1998).

- 오경환, 『**종교 사회학**』(서광사, 1979).

- 토마스 F. 오데아, 『**종교 사회학입문**』(한국기독교서회, 1969).

- 윌리엄 J. 웨인라이트, 김희수 옮김, 『**종교 철학의 핵심**』(동문선, 1999).

- 이태하, 『**종교적 믿음에 대한 몇 가지 철학적 반성**』(책세상, 2000).

- 마이클 피터슨 외, 하종호 옮김, 『**종교의 철학적 의미**』(이화여자대학교출판부, 2005).

- J. 헤센, 허재윤 옮김, 『**종교 철학의 체계적 이해**』(서광사, 1994).

- 존 힉, 김희수 옮김, 『**종교 철학**』(동문선, 2000).

민음 지식의 정원 철학편 006

종교 철학

종교는 무엇이고 신은 어떤 존재일까?

1판 1쇄 펴냄 2009년 12월 18일
1판 3쇄 펴냄 2018년 9월 20일

지은이 | 이진남
발행인 | 박근섭
펴낸곳 | ㈜민음인

출판등록 | 2009. 10. 8 (제2009-000273호)
주소 | 06027 서울 강남구 도산대로 1길 62 강남출판문화센터 5층
전화 | 영업부 515-2000 편집부 3446-8774 팩시밀리 515-2007
홈페이지 | minumin.minumsa.com

도서 파본 등의 이유로 반송이 필요할 경우에는 구매처에서 교환하시고
출판사 교환이 필요할 경우에는 아래 주소로 반송 사유를 적어 도서와 함께 보내주세요.
06027 서울 강남구 도산대로 1길 62 강남출판문화센터 6층 민음인 마케팅부

© 이진남, 2009, Printed in Seoul, Korea

ISBN 978-89-94210-07-0 04100
ISBN 978-89-94210-01-8(세트)

㈜민음인은 민음사 출판 그룹의 자회사입니다.